एक रिश्ता मीठा सा

मैं, तुम और हम

रेणु ठाकुर

notionpress
.com

INDIA • SINGAPORE • MALAYSIA

Notion Press

No.8, 3rd Cross Street,
CIT Colony, Mylapore,
Chennai, Tamil Nadu – 600004

First Published by Notion Press 2021
Copyright © Renu Thakur 2021
All Rights Reserved.

ISBN 978-1-63781-612-7

This book has been published with all efforts taken to make the material error-free after the consent of the author. However, the author and the publisher do not assume and hereby disclaim any liability to any party for any loss, damage, or disruption caused by errors or omissions, whether such errors or omissions result from negligence, accident, or any other cause.

While every effort has been made to avoid any mistake or omission, this publication is being sold on the condition and understanding that neither the author nor the publishers or printers would be liable in any manner to any person by reason of any mistake or omission in this publication or for any action taken or omitted to be taken or advice rendered or accepted on the basis of this work. For any defect in printing or binding the publishers will be liable only to replace the defective copy by another copy of this work then available.

टूटे रिश्तों को जोड़ने के जादुई  धागे ढूँढ़ने वालों को समर्पित

रेणु ठाकुर

Happy reading and amazing happier relationships

Alright then

lets turn the page

अंतर्वस्तु

आभार 7
भूमिका 11
प्रस्तावना 21

1. रिश्ते की परिभाषा 27
2. तलाश एक सम्पूर्ण रिश्ते की 55
3. कम्यूनिकेशन/संवाद/वार्तालाप 79
4. गहराते रिश्तों के पड़ाव 97
5. हमारी परवरिश और सोच के नक़्शे 107
6. एक रिश्ते की विभिन्न अवस्थाएँ मैं तुम और हम 119
7. आज़माएं रिश्तों को बनाए रखने के लिए कुछ ज़रूरी चीज़ें 131

कुछ अतिरिक्त 171
ऐक्टिविटीज़ जो इक्कठे की जा सकती हैं 173
आत्म-निरीक्षण 174

अपना आर्थिक सामंजस्य चैक करें	175
कितना जानते हैं आप	176
एक निवेदन	177
एक परिचय लेखिका का	179

आभार

Thank you God and all the universe and gods-goddesses, ancestors, my network and special thanks to my Higher Self for not letting my procrastination hijack and takeover the whole project of fulfilling my sacred contract of writing and sharing The Universal Wisdom

आभार व्यक्त करना चाहूँगी उन सब का जिनकी वजह से ये किताब मुमकिन हुई।

वो सवाल करते हुए क्लाइयंटस, वो मुझे शिक्षा दीक्षा से तराशने वाले गुरु, पढ़ाने वाले टीचर व मेरे सब मार्ग दर्शक,

मेरे माता पिता इस्पेशली मेरे दादा जी जिन्होंने मुझसे कहा था जब मैं फ़ुट्बॉल खेलना चाहती थी पर सोच रही थी मेरे कारण हमारे रूढ़िवादी रिश्तेदार कहीं ताना ना दे दें। Mummy डैडी और दादा जी के सम्मानित रुतबे को कहीं ठेस ना पहुँचे। पीठ थपथपा कर हौसला देते हुए तब दादा जी ने कहा था "जब हमें तुम पर विश्वास है तो फिर अपने आप पर तुम्हें क्यों विश्वास नहीं है? जाओ जीयो अपने सपनों की ज़िंदगी।" सुन कर मुझे ऐसा लगा जैसे मुझे पंख दे दिए हों किसी ने और कहा हो उड़ो और छू लो आसमान। और वह उड़ान आज तक जारी है।

मेरे पंखों के नीचे हवा का दम भरते मेरी ज़िंदगी में शामिल हैं मेरे माता पिता जिन्होंने सिखाया जो करना है दिल से करो और मेरी माँ जिनसे मैंने लाइफ़ का सबसे बड़ा फंडा सीखा - उनकी डिक्शनरी में नामुमकिन शब्द है ही नहीं, उनका कहना है नामुमकिन कुछ नहीं होता, नीयत नहीं होती तभी हम ज़िंदगी और परिस्थिति को दोष देते हैं,

मेरे डैडी जिन्होंने कहा था माँ से - मेरी बेटी सब कुछ करेगी स्पोर्ट्स, साहित्य, सेवा - थैंक्यू डैडी उन शब्दों के लिए जो आज भी मेरे कानों में गूंजते हैं शायद जैसे कह रहे हों रुक जाना नहीं ...और मेरे पाँव फिर से बढ़ जाते हैं मंज़िल की ओर।

मेरे भाई भाभियाँ, मेरे भतीजे भतीजियाँ, भांजे और भांजियाँ - दर- असल मेरा पूरा परिवार ही मुझ को जैसे कभी शब्दों से, कभी निशब्द ग्लूकोस जैसी ताक़त प्रदान करता है।

मेरे साधुवाद जैसे स्वभाव वाले सेल्फ़ मेड मैन मेरे ससुर जी, मेरी सासु माँ जिन्होंने मुझे कभी भी सपनों को त्यागने को नहीं अपितु पूरा करने के लिए आगे बढ़ने का हौसला और आशीर्वाद दिया

और मेरे पति देव!! उनके लिए तो मैं स्पेशल पंक्तियाँ रचे बैठी हूँ सालों से जो आज

कहती हूँ "तुम तुम थे तो मैं मैं हो पाई
ग़र तुम तुम ना होते तो मैं मैं ना हो पाती
समर्पित तुम्हें सप्रेम"
तुम्हारी रेणु

अपने बच्चों को अगर मैं लिस्ट में शामिल ना करूँ तो मुझे ही खुद से शिकायत होगी, निडर हैं, स्पष्ट वक्ता हैं जब भी मैंने कभी बीच राह कुछ छोड़ने की सोची तो मुझे लगभग ललकारती सी लगीं उनकी शब्दावली जो हमेशा मुझे मेरी ही शिक्षा याद दिलाते हैं- "सम्पूर्णता से करो जो भी करना है,"

धन्यवाद मेरे सयाने से जमाई बाबू को और मेरी प्यारी सी बहुरानी को लविंग, जेंटल, केयरिंग, टैलंटेड, स्माइलिंग सपोर्ट। माई सन कॉल्ज़ अस Pummy और Mummy की जोड़ी!!!!

अपनी मासूम बातों और ख़ूबसूरत खिलखिलाती हसीं से मन को ठंडक पहुँचाती मेरी प्यारी सी दोनो नातिन।

शांति के बनाए बेहिसाब मीठे अदरक वाली चाय के कप और गर्मा गर्म वक्त पर परोसे खाने, स्वादिष्ट स्नैक्स -और ममता- मुस्कुराते हुए जिसने चमाचम साफ़ रक्खे मेरे घर के सारे कोने और फ़र्श क्यूँकि मुझे पसंद है नंगे पाँव घूमना सोचते हुए, एंड

साइलेंट हेल्पर दीपक, कितनी ही बार मेरी किताबों और काग़ज़ों को समेटने में मदद की जिसने, और जिया लाल माली भैया जिन्होंने सँवारे बगिया के फूल ताकि जब भी मैं बैठूँ या चलूँ हरी घास पर, मेरे आसपास हो फूलों के गुच्छों से लहलहाते पौधे जो थे साथी मेरी घंटो लम्बी सैर के, जो होती थी शब्दों को ढूँढ़ते हुए मेंटली किताब लिखते वक्त घास और छत पर घूमते हुए- thankyou

और वोह जो मेरे पैरों के पास बैठ ऑफ़िस में घंटो मेरा साथ दिया करती थी जब मेरी उँगलियाँ चलती थी टाइप करती हुई - मेरी स्पेशल साथी - मेरा स्पेशल फ़रिश्ता Helene हमारी १३ साल की साथी canine जो कुछ ही दिन पहले उड़ान भर गयी शरीर से आगे आत्मलोक में।

I hope, तुम देख पा रही हो किताब छप गयी, आई-मिस-यू..

Happy journey ..Thank you

आभार उनका जिन्होंने इस किताब को संवारा, पब्लिश किया, मार्केट किया, गाइड किया नहीं तो ये केवल कम्प्यूटर तक ही सीमित हो कर रह जाती।

और आप सब!! आपको कैसे भूल सकती हूँ प्रिय पाठक गण!!! धन्यवाद आप का,

आप ही तो कारण हैं की ये किताब जन्म ले पायी और आ पहुँची आप सबसे रिश्ता जोड़ने।

इसे पढ़िए आज़माइए, फिर पढ़िए और अपने नोट्स बनाइए। अगर इसकी एक लाइन भी आपके काम आ जाए - आपके जीवन में आपके रिश्तों में क्षणिक सा भी अंतर ला पाए तो मेरा लिखना व इसका होना सार्थक हो पाएगा, क्योंकि मेरा ऐसा मानना है की अंतर्दृष्टि की एक चिंगारी ही काफ़ी है पूरे पुराने जमे हुए दृष्टिकोण को बदलने की शुरुआत के लिए और आहिस्ता आहिस्ता ज़रूर हो जाएगा आपका भी

एक रिश्ता मीठा सा ...

भूमिका

संत कबीर की पंक्तियाँ शायद हम सब ने सुनी होंगी

"पोथी पढ़-पढ़ जग मुआ -पंडित भया ना कोई
ढाई आखर प्रेम के - पढ़े सो पंडित होए"

प्रेम में आप हैं, वो है और आपको जोड़ने वाला एक अद्भुत एहसास जो समय के साथ गहराता जाता है। और इतना बल देता है कि आप कुछ भी कर गुजरते हैं अपने प्रेम के लिए।

पहली बार सावित्री और सत्यवान की कहानी सुनी थी तो रोमावली रोमांचित हो उठी थी। कितना स्पष्ट था उस लेडी के दिमाग़ में कि उसे क्या चाहिए? कितना प्रेम था अपने पति से। कितनी दृढ़ता एवं साहस था उस रिश्ते को बचाने के लिए -यमराज से भी टक्कर ले बैठी!! फिर मैंने पढ़ा शिवजी के बारे में और उनकी पत्नी पार्वती के बारे में, जिन्होंने वर्षों तक तप किया था उनको पति रूप में पाने के लिए उनसे शादी करने के लिए। जन्मो उन्हीं के साथ शादी करती चली गई।

फिर मैंने पढे क़िस्से फ़रहाद, मजनू व महिवाल के प्रेम के। और फिर पढ़ा एडवर्ड के बारे में, इंग्लैंड के राजा थे जिन्होंने अपनी गद्दी राजपाट और मुकुट सब त्याग दिया था ताकि वह उस स्त्री से शादी कर सकें जिसे वह प्रेम करते थे।

विचार आया प्रेम क्या है जो इतनी ताकत देता है, पावर देता हैं कि सब कुछ न्योछावर कर देते हैं आप। कैसे कोई रिश्ता इतना गहरा और सशक्त हो सकता है, क्या है वो जादुई धागा जो पिरोए रखता है आपको एक दूजे के संग।

कितनी ताकत होती है इश्क़ में। कोई भी मुसीबत हमारे रास्ते में आती है हमारे रिश्ते में आती है उसको पार कर लेता है सारे ही कष्ट सह कर भी नहीं डिगता अपनी चाहत से। ईंट स्टैंड्ज़ दि टेस्ट ऑफ़ टाइम।

बरसों के लम्बे जीवन के दौरान अपने जीवन के इक्स्पिरीयन्स से व कितने ही लोगों से उनकी प्रेम कथा सुनी, उनकी शादी के बारे में सुना, कैसे उन्होंने बड़े जतन से सहेजा अपने रिश्तों को। थोड़ा सी सोच में तब्दीली, ढेर सा सब्र, दूसरों को समझने की कोशिश, ये सब काम आए उनके।

बहुत से केस मैंने शेयर किए हैं बात को समझने के लिए और सबके नाम बदल दिए गए हैं ताकि उनकी प्राइवेसी बनी रहे। जैसे कि एक सफल दीर्घ जीवी शादी में मेहनत दोनो ही तरफ़ से होती है और बरसों लग जाते हैं रिश्ते की गाँठ को मज़बूत करते करते - बट इट स्टिल इस वर्थ इट!!

मैं एक प्रगतिशील परिवार की सबसे बड़ी व एक बहुत ही लाड़ली बिटिया, गरैंड -डौटर व बहन। सब की चहेती व प्रशंसा का पात्र। सबने सिर आँखों पे बिठा रखा था मुझे और भाई बहन व कज़िन तो दीदी दीदी करते पीछे चलते थे कि अब क्या करना है बताओ। और दीदी ने कहा है, -तो फिर ठीक ही होगा। इतना विश्वास था उन्हें, आज भी है

मुझे भी उतना ही प्रेम व आदर था सबके लिए उनके मुँह से शब्द बाद में निकलते थे और मैं पहले कर देती थी।

वास ईंट पीपल प्लीज़िंग या फिर स्वाभाविक नेचर था helper और rescuer पर्सनालिटी वाला? पता नहीं शायद दोनो ही थे? और अब तक हैं कि किसी का काम कर ही दो, राह दिखा ही दो, जो सीखा है साँझा करो। और वहाँ तक जहां मैं ना पहुँच पाऊँ, वहाँ मेरी आवाज़ और लेखनी से निकले शब्द ही शायद पहुँच कर थोड़ी सी मदद कर दें किसी को अपना निश्चय बदलने में, निर्णय लेने में और वो फिर से पहुँच जाएँ अपनी मंज़िल की ओर जाते रास्ते पर, लेकिन इस बार पूरी तैयारी के साथ सफलता शांति, व प्रसन्नता के साथ।

और इस कारण से या वैसे ही क्यूँकि बहुत सारे लड़कों के बाद जनम हुआ था बिटिया का इसलिए लाड़ली थी? पर ढेर सा प्यार मिला और अब भी मिल रहा है।

कभी कोई गलती नहीं निकली, किसी को टोकना नहीं पड़ा। मैं काफ़ी चुलबुली भी थी। लेकिन ज़्यादातर ख़ामोश रहती थी।

फिर जब मैं नैशनल लेवॅल की खिलाड़ी बनी तो और भी इंडिपेंडेंट हो गयी थी और वर्ताव में जोश, दबंग लीडर जैसी क्वालिटी, गलती ना करना गलती करने वाले को टोक देना, हर चीज़ में तर्क रूप से संतुष्ट होने पर ही कोई कार्य करना, सच ही बोलना, किसी को कुछ ग़लत नहीं कहना किसी के अधिकार का अतिक्रमण नहीं करना, एक बार कहा तो करना ही है, किसी भी काम को शुरू किया तो कम्प्लीट करना फिर दिन और रात की परवाह नहीं कि कितने घंटे लग गए आदि यानी की एक अल्फ़ा पर्सोनालिटी वाले गुण और भी गहरा गए थे।

स्पष्ट वक्ता होना ठीक है, पर डिफ़र करना, बिना डिस् रेस्पेक्ट किए भी किया जा सकता है ये सीखा ही नहीं था अभी। अभी हाल ही में तो टीनेज ख़त्म हुआ था ज़िंदगी का तजुर्बा केवल लाड़ लड़ाने वाले परिवार और प्रशंसा करते यस बॉस वाले टीम मेट्स का था।

इन सब आदतों और सोच के साथ एक नयी नवेली दुल्हन बन कर जब मैं अपने ससुराल गयी थी तो इस रिश्ते को समझने में काफ़ी वक्त लगाया था। जो दोतरफ़ा होता है प्रेम, आदर, सम्मान के साथ ऐक्सेप्टन्स, अप्रीशीएशन अंडस्टैंडिंग का होता है। रेज़िल्यन्स यानी समय की माँग के अनुसार अपने आप को बदलने की सामर्थ्य रखना सब होता हैं रिश्ते बना कर सहेज कर रखने वाली लिस्ट में।

सबसे छोटी बहू बहुत ही ट्रेडिशनल विचारों वाला परिवार। जहां पर पर्दा इतना ज़्यादा था कि बहू की उँगली भी ना दिखाई पड़े घूँघट का पल्लू पकड़ पकड़ते हुए भी। बड़ों के सामने ना बोलना ना दिखाई देना। आदर और नियम हर चीज़ का क़ायदा। जो कि अब मुझे समझ आता है कि बहुत ज़रूरी है हर परिवार के लिए अपना सिस्टम चलाने के लिए।

जैसे एक गेम के रूल दूसरे गेम में नहीं लग सकते इसी तरह बेटी और पत्नी होने में अंतर तो होगा ये मैंने समझा कुछ समय के बाद।

घर में ना तो इतनी खुल कर इन विषयों में कोई बात ही होती थी न ही कोई बड़ी दीदी या इतनी अंतरंग सखी ही थी जो ये शेयर करती। ध्यान तो पूरी उमर खेल

और पढ़ाई में ही रहा था अब तक और बड़ों के आदर और सेवा में भी मुझे अच्छा लगता था।

हर चीज़ का एक तरीक़ा था जैसे कि सब्ज़ी बनाने वाले प्याज़ का साइज़ भी सब्ज़ी के अनुसार ही काटा जाता था, सुबह सवेरे बिना नहाए तो आप किचन भी एंटर नहीं कर सकते जैसे स्वच्छता के नियम थे, पूरी तरह से आत्मनिर्भर। कोई भी बाहर वाला किचन बाथरूम व कमरों में नहीं आएगा ना सफ़ाई करने ना बर्तन करने क्यूँकि वो बाहर से आए हैं किसी भी तरह का रिस्क हो सकता है हेल्थ को। जैसे आजकल हो रहा है कि मेन्टेन डिस्टेंस।

जस्ट इमैजिन एक फुटबॉलर जिसने अपनी आधी ज़िंदगी स्कर्ट और शॉर्ट्स में बिताई थी हर जगह माइक पर खड़े हो कर जोशीले भाषण दिए थे टीम को आगे बढ़ने के लिए। मैं एकदम तैयार नहीं थी सबसे छोटी बहू वाले बदलते रोल के लिए। और वहाँ उस से एकदम साइलेंट- ज़रूरत पड़ने पर ही नम्रतापूर्वक बात करना और पर्दा कर बीबी रानी जैसी सुघड़ बहू बनने की अपेक्षा की जा रही थी। मुझे बड़ा ही अटपटा लगता था बहुत घुटन महसूस होती थी जैसे किसी बच्चे का खेलना बंद कर दिया जाए। और कई बार तो घूँघट के कारण पाँव उलझने से गिर भी गयी घुटने भी छिल गए थे मेरे, क्योंकि ये नया स्किल मैंने अभी पूरी तरह मास्टर नहीं किया था। भरे पूरे परिवार के साथ बाक़ी सब तो ठीक चल रहा था पर बड़ी हिचकिचाहट होती थी पतिदेव के पास अकेले बैठने में। शर्म आती थी और लगता था कि कहीं छू लिया तो गड़बड़ हो जाएगी। आइ हैड ज़ीरो सेक्स एजुकेशन! और ना ही कभी माँ ने बताया था पति पत्नी के अंतरंग रिश्तों की इंटिमेसी के बारे में। उन्होंने सोचा अपने आप समझा लेगा!। मन ही मन सोच रही थी क्या ये होती है शादी? ये फ़िज़िकल इंटिमेसी की क्या ज़रूरत है? क्या केवल एक फ़्रेंड बन कर नहीं गुज़ार सकते ज़िंदगी? माँ ने पहले क्यों नहीं बताया ये सब? उन पर क्रोध आया सो अलग!!

उधर ससुराल वाले सकपकाए सो अलग कहीं कोई ऐसी बात ना बोल दे जिससे कि बहू का पारा पर सातवें आसमान पर चढ़ जाए और पति देव तो बेचारे! उसका तुनक मिज़ाज देख कर। ज़िद्दी और पलट कर जवाब देने वाली के सामने उन्होंने तो चुप्पी ही अपना लेना सही समझा बेकार की बहस ना बढ़ जाए यही कोशिश रहती थी उनकी। बहुत ही ज़ोर लगाया अपनी पत्नी को समझने में। सोचा ज़बरदस्ती

करनी ठीक नहीं है अभी तो पूरी उमर पडी है एक दूसरे को समझने के लिए धीरे धीरे समझ जाएगी।

उनकी चुप्पी मेरी उलझन और चिड़चिड़ा पन और बढ़ाती चली गयी मन करता था झिंझोड़ के रख दूँ सबको। आज पीछे मुड़ कर देखती हूँ तो हँसी भी आती है और अफ़सोस भी होता है कि ये शिक्षा तो साथ साथ ही देनी चाहिए बड़े होते बच्चे को। पर हम सोचते हैं कि परिवार को देख कर बच्चा सीख ही रहा होगा। अलग से समझाने की क्या ज़रूरत है। पर आज जानती हूँ ज़रूरत है कि अपने रोल के बारे में बच्चों को पहले से ही सचेत व ट्रेन किया जाए।

कोई भी ग़लत नहीं था, ना मैं ना वो।

इतनी विस्तार में ये सब इस लिए बात रही हूँ और ये सब उनके साथ भी share करती हूँ जो सेशंस, रेलेशन्शिप्स और टूटे हुए दिलों को जोड़ने का रास्ता ढूँढते कपल काउन्सलिंग के लिए आते हैं। क्योंकि इसे सुन कर ही तो पता चलेगा कि अगर मैं समझती हूँ कि एक रिश्ता सुंदर रसीला बनाया जा सकता है अपने सारे डिफ़्रेन्सेज़ के बावजूद अगर ऐक्सेप्टन्स हो जो वाजिब है साथ रहा जा सकता है अगर सहनशीलता, समझदारी, और एजुकेट किया जाए अपने आप को रिश्तों के बारे में। डिफ़्रेंट नीड्ज़, पर्सनालिटी के बारे में। पर एक चीज़ ज़रूर पहले नम्बर पर आती है। वो है डिसिज़न कि क्या रिश्ता बना के रखना है कि तोड़ देने का निश्चय है।

मुझे उनके बारे में समझना चाहिए था और पहले से ही जान लेना चाहिए था कि वहाँ शादी करने का क्या मतलब है और स्वयं से सवाल करना चाहिये था कि क्या मैं इस परिवर्तन के लिए राज़ी व तैयार हूँ? नहीं मैंने ऐसा करने की बजाए कई बार छोड़ कर चले जाना उचित समझा, क्यूँकि उनका ज़रा सा भी मुझे सलाह देना दिशा दिखाना, कोई भी सवाल पूछना बार बार मेरे अहम को चोट सी लगती हुई महसूस हो रही थी, तालमेल बिठाना पड रहा था और मैं उतावली हो रही थी। आज तक हर काम में अव्वल नम्बर पर रही थी यहाँ पर हर बात उलझती सी क्यों जा रही लग रही थी?

बहुत ही समय लगा रिश्ते के बारे में समझने में, उन्हें समझने में, रीति रिवाजों को समझने में। ढेर सी मेहनत लगी, ढेर सा वक़्त लिया उन्हें समझने में और अपना

नज़रिया समझाने में। सासु माँ ससुर जी, प्यारी सी दीदी जैसी जेठानी, ननदें आदि बहुत ही प्रेम करने वाले सीधे - सादे से व्यक्ति हैं मुझे समझ में आया जब मैं उनके साथ रही। सोचती हूँ कि अगर मैं उस पर काम करने की बजाए छोड़ छाड़ के चल देती तो बहुत ग़लत करती।

काफ़ी गरमा गर्मी भी हुई तूफ़ानी दरवाज़े पटकना भी हुआ, रूठ के माँ के घर जाना भी हुआ। ताल मेल नहीं बैठ पा रहा था आज़ाद परिंदे और रोल की सीमाओं के बीच। पर सर्प्राइज़ ये कि माँ को कभी बताया नहीं कि मुझे क्या बुरा लग रहा है कहाँ संकोच हो रहा है।

-वहाँ पर विचार आता था मेरा ससुराल है, उनकी इज़्ज़त क्यूँ ख़राब करूँ, ससुराल और पति की बुराई क्यों करूँ? वही तो वो भी चाहते थे जो एक पति पत्नी के बीच होता है अगर मुझे अभी उसका रस नहीं आया या महत्व नहीं पता तो इसमें उनका क्या दोष? काफ़ी सोचा और रीऐक्टिव क़म होने की कोशिश की।

- मम्मी ने indirectly कहा थोड़े अलग अलग होते हैं स्त्री पुरुष समझना पड़ता है और थोड़ा सा अपने आप को भी बदलना पड़ता है थोड़ा patience दिखानी पड़ती ही। प्यार सब कुछ बदल देता है। आदि। जीवन चलता रहा फिर बच्चे हुए, बड़े हुए मैंने भी खूब सारे कोर्सेज़ कर डाले ज़िंदगी और रिश्तों को समझने के लिए। ढेर सारी पढ़ाई का निचोड़ निकला मानसिक अवस्था पर क़ाबू हो तो सब सम्भाल जा सकता है। सोच बहुत ताकतवर चीज़ है। और इन सब के पीछे रहता है हमारा अवचेतन मन जो बड़ी सी यादें सम्भाल कर रखता है उनपर लगाए लेबल और उनसे जुड़ी भावनाएँ ही सारी ज़िंदगी हमें इफ़ेक्ट करती हैं।

काफ़ी मदद की सायकॉलजी, फ़िलासफ़ी, माइंड, और हिपनोथेरपी पास्ट लाइफ़ रेग्रेशन जैसे कोर्सेज़ ने, बहुत सारे गुरुओं के सत्संग में सुने वचनों ने और साथ ही, जब तत्व दर्शन पढ़ा, ज्योतिष के प्लानेट्स पढ़े आदि nlp किया हील योर लाइफ़ किया मतलब सेल्फ़ एजुकेट किया, विचार किया anger और सेल्फ़ वर्थ पर काम किया। बाई द वे मुझे पढ़ने के लिए कभी भी नहीं मना किया गया ससुराल में भी और ना ही कभी मना किया किसी भी ऐक्टिविटी में हिस्सा लेने से।

शुरू से ही मेरी सोच या ज़ीरो या हीरो वाली थी। हाँ मैंने ही क़सम खा रखी थी कि या तो career या शादी दोनो में से जो भी चुनूँगी उसी को १०० प्रतिशत दूँगी में जीवन में कभी भी ४०/५० नहीं दे सकती १०० ही दूँगी या फिर ०।

तो मैंने तय किया कि शादी तो हो गयी। अब इसे बना कर ही रखूँगी, यह कह लो कि वापिस जाऊँगी तो माँ को बहुत कष्ट होगा जो भी सोचा उस कच्ची उमर में मैंने। सो मैंने जो एक रोल लिया है ससुराल में पत्नी का बहू का, भाभी का चाची का वग़ैरह उसमें पूरी तरह से फ़्लाइइंग कलर्ज़ में पास हो जाऊँगी। इस लिए मैं ध्यान लगाने लगी उसे बचाने में।

और आज ४० साल के बाद कह सकती हूँ कि शादी एक ऐसा रिश्ता है जो बचाने के लायक़ है इस पर काम किया जा सकता है। ज़रूरत है कि इस रिश्ते के बारे में अपने आप को तैयार किया जाए।

बस एक बार मन में ठान लिया कि रिश्ता बना कर ही रखना है तो उस पर काम शुरू हो गया और नतीजा निकला एक ऐसा रिश्ता जिसमें समय के साथ मिठास बध रही है, नज़दीकियाँ बढ़ रही हैं। आदर -सम्मान, रोमांस, ऐक्सेप्टन्स ग्रोथ सब बढ़ रहा है और अपने आप को दोनो ही सुख समृद्धि शान्ति और स्वस्थ जीवन की डगर पर लिए चल रहे हैं।

कई खुशहाल कपल्ज़ के बढ़िया इक्स्पिरीयन्स हैं शादी के बारे में। मैंने शेयर किए हैं कुछ ऐसे केस जिन्हें देख कर प्रेम की कहानी पर पड़ते बहुत सारे फ़ैक्टर्ज़ का असर समझ में आ रहा था।

बरसों से मेरे पास ऐसे कपल्स काउंसलिंग के लिए आ रहे हैं जो खुशी कि इस चाबी को खो बैठे हैं। बहुत से कारण हो सकते हैं आपसी भिड़ंत के - परवरिश, पढ़ाई, आस पास देखे हुए लोगों के रिश्ते, फ़िल्मों में देखे किताबों में पढ़े प्रेम के क़िस्से जिनके द्वारा उनकी सोच बनी और उन्होंने बना डाली प्यार और साथी की एक आदर्श आइडियल तस्वीर जो रीऐलिटी/यथार्थ से एकदम भिन्न थी।

उन विभिन्नताओं को समझ कर, इक्कठे काम करने कि बजाए एक दूसरे को कोसना व रिश्ते को तोड़ देना उन्हें बेहतर व आसान लगता है।

वो ये तो भूल ही जाते हैं कि अलग अलग परिवार में जन्मे और पले अलग अलग दृष्टिकोण तो रखेंगे ही। एक दूसरे के व्यवहार व सोच को समझना होगा वक्त तो लगेगा ही। ऐसी ही समझ के साथ रिश्तों को आगे बढ़ाने वालों की भी कमी नहीं है और आज वोह कितने ही दशक एकसाथ मृदुलता से बिता चुके हैं और उनके गहराते रिश्तों का ये सफ़र अभी भी जारी है।

लेकिन दूसरी ओर बात सुन कर दुःख होता है, ज्यादा दुख तो मुझे तब हुआ जब बहुत से नव विवाहित जोड़े भी आने लगे जिनमें से एक ऐसा था उनकी शादी को दो-तीन महीने से भी ज्यादा नहीं होंगे जब उन्होंने अपने गुलाबी चश्मे चढ़ा कर एक दूसरे को पसंद किया था अभी इश्क़ का रंगीन चश्मे हटके अब दुनिया उनकी काली सफेद हो गई थी। बहुत ही अनफॉरगिविंग हो गए थे दोनों एक दूसरे के लिए।

उनके परिवार वालों को तो शक था कि यह रिश्ता चलेगा भी या नहीं चलेगा?यह शादी होनी चाहिए कि नहीं होनी चाहिए? क्योंकि उनकी पारखी नजरों ने इन में बहुत सारे डिफरेंसेस देखे थे। किंतु जोड़े को तो ऐसा लगा कि जैसे बस उनकी किसी प्रेयर का आंसर मिल गया है और बड़ी ही हाई एक्सपेक्टेशन के साथ उन्होंने शादी कर ली। चलो जी शायद अब जादू की जिंदगी जिएँगे इकट्ठे रहकर लाइफ ऑफ इटर्नल टूगेदरनेस, लेकिन थोड़ी सी गलतफहमी व नजरिए के दोष के कारण दो शादी टूटने के कगार पर पहुंच गई। सास के कहने पर शायद ननद, के कहने पर, शायद फैमिली के कहने पर हर चीज को उन्होंने गलत अंदाज से लिया अहम को ठेस लगी। मुझे कोई प्यार नहीं करता और ना ही कोई समझता है के शक ने आ दबोचा और चल पड़े दोनो अपने अपने रास्ते।

लेकिन फिर जब उनसे बात हुई दोनो के सेशन हुए कुछ इक्कठे कुछ अलग अलग। क्यूँकि रिश्ते में आप को अपने ऊपर भी काम करना है अपनी पर्सनालिटी और बिहेव्यर की जड़ से वाक़िफ़ होना है और उनकी पर्सनालिटी को समझना है तभी तो बीच का रास्ता निकलेगा।

उन्होंने भी फ़ॉलो किया जो उनकी awareness में आया और आज जब मैं उन्हें देखती हूँ तो मन में एक gratitude आता है उस प्रभु के प्रति जिसने मुझे चुना एक साधन बनाया ऐसे लोगों की मदद के लिए। इस विद्या के प्रति कि किसी के काम आ रही है

ज़्यादातर ऐसी ही ग़लतफ़हमिओं के कारण टूटते रिश्तों को देख कर, या फिर जो रिश्ता बना कर दिल पर चोट खा चुके हैं, जो रिश्ता बनाते ही नहीं डर के कारण, या रिश्तों में घुट कर जी रहे हैं, अपना आत्म सम्मान खो चुके हैं मन की शांति रातों की नींद से वंचित हैं उनकी बातें सुन कर सोचा कि क्यों ना रिश्तों को समझने व सम्भालने की एक किताब लिखी जाए, बॉन्डिंग के सीक्रेट स्टेप दिए जाएं। छोटी छोटी बातें अगर हम उनका ख्याल रखें तो हमेशा के लिए खुशहाल जिंदगी जी सकते हैं। एक मीठा सा रिश्ता बना सकते हैं

किताब में शेयर किए गए पॉइंट्स व अनुभव आपकी मदद करेंगे और आशा करती हूँ कि इनको को पढ़ कर एक आंतरिक जागरूकता आएगी

- प्रेम और रोमांस में अंतर समझ पाएँगे/आपके रिश्तों के बारे में सोच, विचार, धारणा में, सोची गयी परिभाषा एवं दृष्टिकोण में परिवर्तन लाने में सहायक होगी। /एक दूसरे की ज़रूरत को कैसे समझा जाए/अपने बर्ताव पर भी एक नज़र डालना क्यूँ ज़रूरी है? सिंपल तरीक़ों से जान सकेंगे कि कहां पर बदलाव लाना है स्वयं में/रिश्तों को निभाने के तरीक़े में बहुत बड़ा बदलाव आएगा/यह किताब आपको एक नया नजरिया देगी रिश्तों को और पार्टनर को देखने के लिए।

- जन्मों जन्मों से एक दूसरे से मिलने को तड़पती दो आत्माओं के सुखद मिलाप का कारण भी बनेगी ये किताब। जब समझ आएँगे अहम और वहम को बढ़ाने वाले कारण जो बढाते हैं जन्मों तक दूरियाँ और उनसे निबट कर कहानी को एक सुखद मोड़ देने के साधन मिलेंगे अपने अंदर/यह किताब आपको एक ऐसा वार्तालाप का तरीका देगी आपको अपने साथी से कि आप अपना और उनका मत समझ पाएँगे बिना उलझे/यह नहीं कि बहस नहीं होगी, झगड़े नहीं होंगे ज़रूर होंगे लेकिन सुलझा लिए जाएंगे- विन विन सिचूएशन हो जाएगी

- यह किताब सीक्रेट शेयर करती है लॉन्ग लास्टिंग रिलेशनशिप तन, मन, धन के स्तर पर कैसे एक मत हों/

- बिना निरादर, जल्दबाज़ी, उत्तेजित करनेवाले वार्तालाप से कैसे निबटा जा सकता है

- इस को पढ़ने के बाद आप एक दूसरे को नहीं देख पाएंगे बिना याद किए वह क्षण जब पहली बार नज़रे मिली थीं और हुआ था जादुई असर और दोनों ने इकट्ठे रहने का फैसला किया था। /यह किताब प्रॉमिस करती है रिस्पेक्ट, , ट्रस्ट, लव, शेयरिंग, केयरिंग बिटवीन टू पार्ट्नर्ज़

किताब को मैंने रिश्तों की परिभाषा उनकी ज़रूरत के कारण, तरह तरह के रिश्तों के रूप से शुरू किया है।

उस रिश्ते में हमारी बराबर की भागीदारी, बातचीत का अन्दाज़, हमारे विचार, धारणाएँ व हमारे दृष्टिकोण

रिश्तों में आने वाले पड़ाव हमारे सम्बन्धों को मज़बूत बनाने वाली और उन्ही सम्बन्धों पर अगर ध्यान ना दिया जाए तो तोड़ने की नौबत लाने वाली चीजें, उन्हें बचा कर संवार कर रखने के जतन। अपने आप पर काम करने की ज़रूरत। कुछ ऐक्टिविटीज़ जो इक्कठे की जा सकती हैं। केस स्टडीज़ दी हैं ताकि पॉइंट को समझा सकूँ कि आप अकेले नहीं हैं। काम, क्रोध, लोभ, मोह, अहंकार किसी पर भी हावी हो सकता है और अच्छा भला इंसान अपने सबसे अहम रिश्ते में भी गलती कर बैठता है पर वह कोई पत्थर पर खींची लकीर नहीं है जो मिटाई ना जा सके। कोशिश तो कर ही सकते हैं कि मिस्टेक से सीख लें और आगे से रिश्ते में मिठास बनी रहे।

इन सब को पिरोया है हर भाग के साथ दिए गए ज़रा सोचो के संग।

ज़रा सोचो के अंतर्गत कुछ सवाल हैं जो अपने रिश्तों पर एक नज़र डाल जहां पर भी मुर्रमत की ज़रूरत है हमारे नोटिस में ला सकते है कि प्रॉब्लम इस वजह से हो रहा है, और धागा यहाँ से सुलझाया जा सकता है।

विश यू हैप्पी रीडिंग हैप्पी लाइफ

प्रस्तावना

हिप्नोथेरेपी, बिहेव्यर रेज़लूशन, पास्ट लाइफ रिग्रेशन, ज्योतिष, टेरो, रेंकी, हील योर लाइफ़, द्वारा सैंकडों कपल्ज़ और क्लाइंट्स की काउन्सलिंग थेरेपी एवं ट्रेनिंग और अपनी ४ दशक से भी ऊपर वैवाहिक जीवन व ढेर सारे अनुभवों के द्वारा रिश्तों के बारे में समझ को मैं चाहती हूं कि मैं हजारों के साथ शेयर करूं। ये एक ऐसी किताब सिद्ध हो आप जब चाहे इसे पढ़ कर कोई भी एक नुक़्ता ले कर गुत्थी सुलझाने में मदद पा सकें। ये छोटी सी किताब होगी रेडी रेकनर की तरह, कि रिलेशनशिप की डायनामिक्स क्या होते हैं समझने के लिए? उसकी मदद ले सकते हैं।

अक्सर हमारी रिलेशनशिप में प्रॉब्लम तब आती है जब हमारा बिलीफ सिस्टम आपस में मैच नहीं करता हमारा नजरिया अलग अलग होता है एटीट्यूड दुनिया को देखने का प्रतिक्रिया दिखाने का, दूसरे के विचारों को देखने का

भावनात्मक स्तर पर intelligence quotient भी मैटर करता है। नहीं तो वैचारिक मतभेद ही होते रहेंगे और हम छोटी से छोटी बात को तूल दे कर तकरार बढ़ाते रहेंगे।

हमारे अंदर बहुत ताकत है बदलाव लाने की, समय अनुसार स्वयं को ढालने की। हम उसको इस्तेमाल कर सकते हैं पर अफ़सोस रेसिलिएन्स की जगह हम जब अपनी ही बात पर अड़े रहते हैं और स्वयं में बदलाव नहीं लाते समय की माँग के अनुसार, जब आपको लगता बस आप और आपकी सोच ही सही हैं तब बात ईगो व पावर स्ट्रगल की हो जाती है और अपना ही नुक़सान कर बैठते हैं और पीछे बचता है केवल पछतावा - कि काश समय रहते किसी ने उचित सलाह दी होती या किसी की सीख सुन ली होती।

युवा कपल्स को देखा तो मुझे लगा कि किताब उनको मिलनी चाहिए जो रिश्ता बनाने के लिए सोच रहे है या फिर कोई शक है कि रिश्ता बनाए या नहीं।

इस किताब को लिखने का आईडिया तकरीबन 20 साल पहले आया था मै एक एजुकेशन कॉलेज में गई थी एक वर्कशॉप करने के लिए उनके स्टाफ़ मेंबर्स के लिए। प्रधानाचार्या के साथ जब उनके दफ्तर में बैठ कर मैं चाय पी रही थी तो कुछ न्यूज़ वाले लोग वहां पर आ गए वीडियो वाले लोग थे वह चाहते थे कि वह उनका इंटरव्यू ले छोटा टॉपिक था कि आज के करोड़ों रुपए जो शादियों के पंडालों पर, शादी ब्याह के खर्चों पर किए जाते हैं उन का क्या ख्याल है।

मुझे अभी भी याद है मुस्कुराते हुए उन्होंने मेरी तरफ इशारा किया और कहा यह रेनू ठाकुर हैं हमारे यहाँ स्टाफ़ के लिए वर्क्शाप करने आयीं हैं है इन से पूछिए जरूर आपको कुछ इंटरेस्टिंग चीज बताएगी। तो मैंने कहा जी बिल्कुल जरूर मैं कुछ तो करना चाहूंगी।

मैं आजकल कल जब मैं विवाहित जोड़ों को अपने पास आते हुए देखती हूं काउन्सलिंग के लिए और रिलेशनशिप की प्रॉब्लम के लिए। और कुछ जोड़े तो अभी महीना भी पूरा नहीं करते एक साथ और बात करते हैं अलग हो जाने की। इतना भी सब्र नहीं हो पा रहा कि थोड़ा वक्त दें एक दूसरे को समझने का।

बहुत ही सर्पराइजिंग लगता है कि हम करोड़ो रुपए शादियों के हॉल में, कपड़े गहनों, खाने पीने पर लगा देते हैं बहुत ही मेमोरेबल इवेंट हो लेकिन उस मेमोरेबल इवेंट को बचाकर रखने के लिए व सदृढ रिलेशनशिप किस तरह बना कर रक्खा जाए के लिए एक पैसा भी खर्च नहीं किया जाता है। कोई ट्रेनिंग नहीं दी जाती, ना ही इसकी ज़रूरत समझी जाती है कि सीखें अपने नए रोल का मतलब व कर्तव्य।

खासकर करके भारत में जहां शादियां होती हैं वह शादी दो परिवारों के बीच में होती है। जिसमें ज़रूरी है पता करना दोनो तरफ़ की लाइक -डिसलाइक, रिस्पेक्ट, टेकिंग केयर, प्रॉपर कम्युनिकेशन, लेकिन पूरी अटेंशन दोनों साइड से सीमित रह जाती है लहंगा कैसा लग रहा है?मेरी शेरवानी कैसी लग रही है? किसको क्या गिफ़्ट देना है? चलो हम कितने अच्छे लगते हैं एक दूसरे के साथ खड़े हुए चलो फ़ोटो लेते हैं।

धूम धाम से शादी, नाच गाना खाना पीना फ़ोटो शूट के बाद -वो जाती है ससुराल में सब को देख के पूछती है यह कौन है? तो बोलता है मेरी बेबे है, मेरी मॉम है और बाक़ी परिवार। शी गेट्स ऐंग्री लेकिन तुम ने तो बताया ही नहीं कि जॉइंट फैमिली में रहना पड़ेगा। उसे लगता है उसके साथ धोखा हो गया वह बोलती है कि हमने तो सोचा था हमारा एक अपना एक लाइफस्टाइल है मैं उसके साथ कंप्रोमाइज नहीं करूंगी मैं तो परेशान हो जाऊंगी। कोर्टशिप चल रहा था आपने एक बार भी नहीं बताया कि मुझे आपकी फैमिली के साथ रहना है और चल देती है शादी से बाहर

छोटी छोटी चीजें हैं जिनको हम बात करके भी सुलझा सकते हैं लेकिन आजकल लगता है कि जो है वह ज्यादा जरूरी नहीं समझा जाता तोड़ना बहुत आसान लगता है

उनके आईडियास मैच नहीं करते हैं सेल्फ के बारे में। दोनो को लगता है कि दूसरे पार्टनर को ज्यादा जरूरत है काउन्सलिंग की और उनको नहीं जरूरत है। समझते हैं कि अपने आप पर काम करने की बजाय अच्छा है कि पार्टनर बदल लिया जाए लेकिन मालूम नहीं है कि आप चाहे जितने मर्जी पाट्र्नर बदलिए आपके रिलेशनशिप वही पैटर्न बार बार रिपीट होगा जब तक आप उसको सुलझा नहीं लेते। बार-बार हर रिलेशनशिप में चाहे पहला अथवा हो किसी भी नंबर का रिलेशनशिप उसने वह जरूर झलकेगा तो बेहतर है कि समय रहते उस पर काम कर लिया जाए। कि मेरे ट्रिगर क्या है मेरी रिस्पांस क्या है? अपने विचारों पर काम करना होगा।

- जब हम को पता ही नहीं होता कि रिश्तो की परिभाषा क्या है?
- रिश्तो में चाहिए क्या?
- क्या ढूँढ़ते हुए हमने बनाया है रिश्ता?
- हमारे विचार क्या सभी लेवल पर ज़्यादातर सहमत हैं?
- हमारा कल्चर
- हमारी आर्थिक दृष्टिकोण

- हमारा इंटीमेसी के बारे में दृष्टिकोण क्या एक जैसा है? क्या हमने अच्छी तरह से जान लिया है अपने पार्ट्नर को?
- हमारी रोज़मर्रा की जिंदगी की ज़रूरतें उन में समानता अथवा असमानता कितनी है।
- हमारे परिवार एक दूसरे को अपनायेंगे?
- मेरा रोल क्या है? दूसरे का रोल क्या है?
- हमारी परिवार के प्रति व साथी के प्रति ज़िम्मेवारी से क्या हम वाक़िफ़ हैं?
- कैसी अड़चनें आ सकती हैं विभिन्नताएँ बन कर?
- भावनाओं के उफान में आ कर कहीं हम जल्दबाज़ी में तो नहीं निर्णय ले रहे?ऐसी और बहुत सी बातें

रिश्तों को समझने में सम्भालने में बहुत सारी ग़लत फ़हमियाँ हो जाती हैं क्यूँकि अटकने पर हम पूछते भी तो अपने जैसे लोगों से हैं जिनका हो सकता है अपना भी इतना अनुभव ना हो या फिर उनको जो पता है केवल उतना ही बता पाएँगे। उनके तरीक़े और परिभाषा उनके लिए ठीक हैं अगर उन्होंने अपनी प्रॉब्लम को सुलझा लिया है और उस से फ़ायदा हुआ है तो समझ के साथ अपनाना है blindly उनका तरीक़ा नहीं फ़ॉलो करना।

जैसे एक जमाई जी ससुराल गए पूछा जी बिस्तर लगा दें? उन्होंने कहा जी छत पर सो जाऊँगा। क्यूँकि उसने अपने फ़्रेंड से सुना था मैं तो ससुराल जा कर छत पर ही सोता हूँ। पर ये नहीं बताया कि वो गर्मियों में जाते हैं। ये सज्जन भरी सर्दी में सुबह अकड़े हुए पाए गए अपने बिस्तर पर। तो भई सोच समझ कर पूछ कर कि उनकी क्या सिचूएशन थी जिस के कारण ये जो टिप आपको दे रहे है उनके काम आया। तो ही अपनाइए सुझाव।

किसी ऐसे व्यक्ति से सलाह मशवरा करें जो इस फ़ील्ड से अच्छी तरह वाक़िफ़ है जिसका अनुभव है जिसने जिया है समझा है दूसरों को समझाया है। काउन्सिलर अथवा थेरेपिस्ट की सलाह अवश्य लें। क्या हम और कोई तकलीफ़ के समय

इन हीं सब बातों को ज़ेहन में रखते हुए मैंने यह किताब लिखी है। जैसे कि एक छोटी सी गाइड बुक समझ लीजिए, एक रेडी रेकनर समझ लीजिए यह बुक रिश्तों को समझने व सम्भालने के लिए ताकि आपका भी हो जाए

एक रिश्ता मीठा सा ...

1

रिश्ते की परिभाषा

रिश्ता!!!

हम सब की यह आरज़ू रहती है, ख्वाहिश रहती है, चाहत होती कि हमारा भी हो सार्थक सा, प्यारा सा, दीर्घ जीवी, सदृढ, प्रेम की बौछार से सरोबार करता हो एक रिश्ता मीठा सा ...

जैसे आत्मा का शरीर से, जैसे साँसों का जीवन से, जैसे भँवरे का फूल से, जैसे चकोर का चाँद से, जैसे आसमान का सितारों से, जैसे फूलों का बहारों से, जैसे मल्हार का घटाओं से, जैसे दीपक का रोशनी से, जैसे दिल का धड़कन से

दो हस्तियों का मिलन हो और एक पूर्णता, एक आनंद, एक हसीन सी अंतरंगता का एहसास हो और हो एक सार्थकता - होने की।

रिश्ता निरंतर रहने वाले साथ का जैसे रात का चाँद से, दिन का सूरज से, हवा का साँस से, ख़ुशबू का फूलों से जुड़ा रिश्ता।

एक का नाम लें तो दूसरा याद आ ही जाता है, जैसे शीरीन का फ़रहाद के साथ, लैला का मजनूँ के साथ, राधा का श्याम के साथ, राम का सीता के साथ, शिव का पार्वती के साथ या फिर कभी कभी किसी ख़ुश हाल जोड़े को देख कर जैसे कि मम्मी का पापा के साथ या फिर किसी फ़्रेंड के रिश्ते को देख कर मन करता है जुड़ जाए हमारा भी नाम इन ही प्यार करने वालों के जोड़ो की लिस्ट में।

और जब मिलते हैं दो दिल, दिमाग़, जिस्म और जान तो होता है उनके बीच एक नया एहसास, एक आदान -प्रदान, एक खिंचाव, एक जुड़ाव।

अब चाहे वो बुरा हो - भला हो एक सम्बंध तो बन ही जाता है फिर चाहे उसमें कैसा भी एहसास हो भोगने वाले को खट्टा -मीठा, तीखा - नमकीन, रसीला सा या फिर एकदम खुश्क, क्षण भंगुर या जन्मों के साथ वाला, कहलाता तो वो एक रिश्ता ही है कितनी ही फ़िल्मों में देख कर, क़िस्से कहानियाँ पढ़ कर हम भी बना लेते है एक छवि अपने साथी की अपनी रंगीली सपनीली दुनिया की। कोई ढेर सा प्रेम करने वाला, हमें समझने वाला, हमारी हर इच्छा को सर माथे लगाने वाला हर समय हमारे ही ख़्वाब देखने वाला। लेकिन एक ख़ास बात सोचने योग्य है रिश्ता तो हम ज़रूर बनाना चाहते हैं पर क्या हम जानते भी है कि रिश्ता होता क्या है?

क्या आप ने निम्नलिखित सवालों के बारे में सोच लिया है? नहीं सोचा तो

आइए पहले ये समझ लेते हैं

- रिश्ते क्या होते हैं?
- रिश्ते बनते कैसे हैं?
- रिश्तों में पार्ट्नर्ज़ का रोल क्या होता है?
- आपकी अपेक्षाएँ क्या आपका होने वाला साथी जानता है?
- क्या आप जानते हैं उनकी अपेक्षाएँ?
- क्या बदलना और अपनाना होगा दोनो को?
- परिवार व कल्चर के बारे में भी सोचा है?
- क्या आप अक्सर एक दूसरे से सहमत रहते हैं या असहमत?
- लम्बे समय तक आप उनकी नापसंद बातों को अनदेखा कर पाएँगे?
- क्या आप बदलाव के लिए तैयार हैं?
- क्या आपने जान लिया है उनकी परिवार के प्रती ज़िम्मेवारी को?
- क्यूँ बनते हैं? क्यूँ बिगड़ते हैं रिश्ते क्या आप जानते हैं?

- क्यूँ बदल जाते हैं रिश्तों के रूप?
- कुछ रिश्ते मीठे और कुछ कड़वे से क्यूँ होते हैं रिश्ते?
- कुछ दिनों के या फिर जन्मों तक कैसे चलते हैं रिश्ते?
- क्यूँ एक ही रिश्ता दुःख और सुख दोनो का कारण हो जाता है
- क्यूँ कोई रिश्ता आपको आसमान छूने की इजाज़त और ताक़त देता है और कोई रिश्ता आपको ज़मीन पर पटक कर छटपटाता छोड़ देता है?
- कब रिश्तों को बनाए रखना है?
- कब चले जाना ठीक है?
- क्यूँ कभी रिश्ते बहुत कोशिश के बाद भी टिक नहीं पाते?
- करना क्या है दीर्घजीवी मीठे सफल रिश्ते बनाए रखने के लिए?

रिश्ता क्या है

एक सूत्र...एक प्रेम का धागा ..एक सम्बंध

रिश्ता - अगर हम कहें - तो दो इकाइयों के बीच, व्यक्तियों के बीच जो संबंध बनता है वो एक रिश्ता कहलाता है, सम्बंध - यानी एक ही सूत्र में बंध जाना, प्रणय सूत्र भी हो सकता है या और किसी भावना का भी हो सकता है एक दूसरे से जुड़ जाना, सुख दुःख के भागी हो जाना। उन की बाट जोहना जैसे उद्धव से कहा गोपियों ने कान्हा कब आएँगे?उनके साथ ही रहना, उनके साथ ही सपने सजाना व पूरा करना उनकी हर चीज़ में भागीदार हो जाना प्रकट -अप्रकट रूप में।

गहराते रिश्तों की ख़ूबसूरती ख़ासकर इस बात में होती है कि आप एक दूसरे की बोली -बिन बोली बात को समझ लें। आपकी हर बात का लेंस ले कर मुआइना ना करता रहे या उसे विकृत कर अपना ही मुड़ा तुडा सा मतलब ना निकालता फिरे। जब आप कहें और दूसरा उसे ठीक वैसा ही समझ ले, उन्हें मालूम है कि आप क्या और किस मंशा से, किस प्रयोजन से कह रहें हैं फिर चाहे वो बात शब्दों से हो या बिना शब्दों से हो तो बात ही कुछ और हो जाती है। यू फ़ील गुड।

दो व्यक्तियों के बीच सम्बंध व आदान- प्रदान कितने ही रूप ले सकते हैं

रिश्ते कई तरह के हो सकते हैं: एक का अनेक से जैसे टीम लीडर का अपनी टीम से रिश्ता होता है,। एक का दूसरे से, माता - पिता के साथ, अपने साथी के साथ, अपने बच्चों के साथ, अपने बॉस के साथ, अपने भाई बहनों के साथ, अपने दोस्तों के साथ। यहाँ तक कि रिश्ता अपनी चीजों के साथ, अपने पालतू पशुओं के साथ, हमारे पड़ोसी के साथ, हमारे स्टाफ के साथ, अपने देश के साथ, प्रकृति के साथ, सृष्टि के साथ, सृष्टि की रचना और पालना करने वाले के साथ भी होता है।

सोचिए ज़रा

१: रिश्ते बनाने का क्या कारण हो सकता है?

२: आप के रिश्ते कितनी तरह के और किस किस के साथ हैं और उन रिश्तों की ज़रूरत क्या है? क्या माँगते हैं ये रिश्ते आप से?

कौन सी ज़रूरत पूरी कर रहे हैं ये रिश्ते आपकी?

तरह तरह का रिश्ता प्रेम का

एहसासों के रिश्ते, भावनाओं के रिश्ते, सपनों के रिश्ते, अपनों से रिश्ते, पसंद -नापसंद के रिश्ते, रिश्ता दो के बीच जब भी जुड़ता है, हम जब भी किसी से सम्बंध बनाते हैं उसके पीछे कोई ना कोई कारण तो ज़रूर जुड़ा रहता है।

रिश्ता बनाने के कई कारण हो सकते हैं। और उनके साथ ही बदल जाता है हमारा व्यवहार और इन अलग-अलग कारणों से प्रेम-मये रिश्ता अलग-अलग रूप में कई तरह से देखा जा सकता है।

- करुणामय -किसी की देखभाल का रिश्ता
- हल्का -फ़ुल्का सा मित्रवत् व्यवहार
- गहरा लम्बा परिवार वालों के साथ
- मित्रता वाला सखियाँ सहेलियाँ यार दोस्त वाला रिश्ता

- प्रेम वाला प्रियतम प्रियतमा, पति-पत्नी
- भ्रातृ प्रेम पगड़ी बदलना, कलावा बांध लेना क़सम खा लेना मुँह बोला भाई-चारा
- वसुधैव-कुटुम्बकम -पूरे विश्व को ही परिवार मान लेना आदि हो सकता है

हर व्यक्ति का आसपास के वातावरण व व्यक्तियों से तरह-तरह का रिश्ता हो सकता है। विभिन्न होते हैं रिश्ते के रूप। हर रिश्ता अलग-अलग तरह की ज़रूरत पूरी करता है।

और इस से पहले हम आगे बढ़ें — एक खास बात कहूं आप से?

सब से ज़रूरी रिश्ता है - रिश्ता अपने साथ। जी हाँ एक रिश्ता अपने आप के साथ भी होता है। उसे हमें नंबर एक पर रखना चाहिए। अगर आप का रिश्ता आप के साथ बिलकुल ठीक है, मीठा सा है, तो फिर ज़ाहिर सी बात है कि बाकियों के साथ जो रिश्ता आप बनाएँगे व निभाएंगे उसमे वह मिठास सहज ही अपने आप चली आएगी। हमें तो बस अपने आप से जो रिश्ता है उसपर सबसे पहले ध्यान देना है। क्यूँकि स्वयं की परिभाषा व आत्म-छवि स्वयं के लिए बहुत स्वस्थ होनी चाहिए। अपने आप में विश्वास तभी जागेगा जब आप अपने आप को रिस्पेक्ट की नज़रों से देखते हैं और तभी किसी और पर भी आप विश्वास कर पाएँगे कि हाँ वो सचमुच आपका आदर सम्मान करते हैं आपको चाहते हैं। अपने साथ रिश्ते पर आगे किताब में और चर्चा करेंगे ये तो हुए रिश्तों के विभिन्न रूप। अब देखते हैं कि कारण क्या हो सकते हैं रिश्ते बनाने के

सबसे पहला कारण तो ज़रूरत ही लगता है।

रिश्तों की ज़रूरत क्यूँ पड़ती है

- क्या है कारण रिश्ते बनाने का?
- क्यों रहना चाहते हैं हम एक दूसरे के साथ?

सब के अलग अलग कारण हो सकते हैं रिश्ता बनाने के।

मनुष्य एक सामाजिक प्राणी है

पर असल में ये मान्यता है कि मनुष्य एक सामाजिक प्राणी है उसे समुदाय में इकट्ठा रहना पसंद है, वो अकेला रह ही नहीं सकता। मुझे तो लगता है कि जंगल में भी रहेगा तो जानवरों या पक्षियों को मित्र बना लेगा, उनसे भी संबंध जोड़ लेगा।

बियाबान टापू में भी कुछ तो ढूंढ ही लेगा संबंध जोड़ने के लिए, और नहीं तो चाँद तारों से, हवाओं से, पेड़ पौधों से, या पानी वाले जंतुओं से ही रिश्ता बना लेगा। और कभी कहीं कुछ भी न मिला तो फिर किसी अनजानी शक्ति से ही नाता जोड़ लेगा जिसकी झलक सन्नाटे में बैठ कर अपने अंतर की आवाज़ में मिलती है।

क्योंकि मनुष्य अकेला रह ही नहीं सकता वो एक सामाजिक प्राणी है, Man is a social animal उस की सबसे बड़ी ज़रूरत है Security की, interaction की। दूसरों से बात करना, मिलना, बाँटना, कहना- सुनना उसका जी भी बहलता है, और एक अपनेपन का एहसास भी देता है।

अपनी उपलब्धियों को वो share करना चाहता है। वरना जंगल में मोर नाचा किसने देखा वाली बात लगती है उसे कि जब तक कोई सुन कर प्रशंसा ना करे तो इतनी बड़ी उपलब्धि या फिर किसी भी heroic ऐक्शन का मतलब क्या बनता है?

पुराने जमाने में भी, यहाँ तक कि पाषाण युग में भी जब इंसान cave dweller यानि गुफाओं में रहता था तब भी आग के अलाव के पास बैठ कर अपने साथियों को अपनी दिन भर की कहानियाँ सुनाता था और प्रशंसा का पात्र बनता था, उसकी बहादुरी के गाने कहे और गाये जाते थे, जो पीड़ी दर पीढ़ी में सुनाये जाते थे।

इकट्ठे बैठ कर सब अपना experience यानी अनुभव साँझा करते थे। कई तरह के निर्णय भी लिए जाते थे, जैसे कि कल शिकार कैसे किया जाएगा, कौन अब बड़ा हो गया? साथ में जा सकता है आदि। या फिर कार्य बाँटे जाते थे जैसे कि कौन लकड़ियाँ इककठी करेगा, कौन फल और फूल चुनने जाएगा वगैरह।

पहले अकेला रह के देख चुका था इंसान अब समझ गया था कि वो जंगल राजा शेर नहीं है जो अकेले ही शिकार कर लाएगा, उस अकेले पर कोई भी जानवर हावी हो सकता है।

सुरक्षा और उपक्रम कि सफलता में सहायता होगी, अगर दो होंगे तो कम से कम एक सामने से तो दूसरा पीछे से मिलकर स्थिति सँभाल लेंगे। साथी साथ में होना या झुंड बना कर शिकार करना बेहतर रहेगा ये निश्चय लिए जाते थे।

गाँव बसे तब भी गाँव के बीचोंबीच एक पेड़ के आसपास बैठा जाता था दिन भर की कहानी सुनी और सुनाई जाती थी। सलाह की, ली, दी जाती थी साँझे अलाव के पास बैठ कर। झुंड बन कर रहना सेफ है और काम भी बाँट कर किया जा सकता है ये बात समझ आ चुकी थी, तो गाँव बसने लगे।

एक साथी जो हो अपना सा

फिर धीरे धीरे एक और बात सामने आयी कि समूह से जो प्रशंसा का मज़ा है उस से भी अधिक तब अच्छा लगता है जब कोई एक साथी उसको अपना पूरा समय उसको दे -!

- उसकी बात समझे -! मैं तुम्हारी बात समझ रहा/ही हूँ
- कोई उससे प्रेम की बातें करे -! आयी रियली लव यू
- उसकी सराहना करे -! आयी ऐम प्राउड ऑफ़ यू
- उसका सहारा बने -! मैं हूँ ना

यानी कि ढेर सारे positive strokes सकारात्मक मान्यता मिले।

और अब बात समूह और परिवार के साथ साथ एक और रिश्ते पर आ गयी जो कि बहुत अपना सा, अंतरंग सा रिश्ता था किसी एक के साथ। निजी होने लगे रिश्ते।

अब कोई भी, कभी भी कैसे भी, किसी से भी केवल अपनी शारीरिक ज़रूरत पूरी करने के लिए नहीं जुड़ता था। भावनात्मक सम्बंध बनने लगे और एक ही साथी अब अपनाया जाने लगा और नियम बनने लगे स्त्री पुरुष के सम्बंध के और शुरू गए शादी जैसे सम्बंध,। क़समें खायी जाने लगी, रीति-रिवाज बन गए।

अपने आप के साथ के बाद जो हमारा सबसे अहम रिश्ता है, जिसको लेकर यह किताब लिखी गयी है वो है - रिश्ता जो बनता है पुरुष और स्त्री के बीच। कपल्ज़

का रिश्ता। उस रिश्ते को बनाने के भी अलग -अलग कई कारण हो सकते हैं, अलग-अलग ज़रूरतें हो सकती हैं और समय के साथ ये बदलते जा रहे हैं।

शुरुआत में हज़ारों साल पहले जब यह रिश्ते बने थे तो ज़रूरतों के ऊपर बने थे। बड़ा सिम्पल सा, बड़ा ही सादा सा फ़ंडा था।

The male used to be the provider and एक प्रदाता

the female used to manage the house एक प्रबंधक

एक अन्नदाता की तरह शिकार कर के या बाहर से जुटा कर लाता था और दूसरा गृह व्यवस्था करता था। लाए हुए सामान को साफ़ करके पकाता एवं परोसता था और दोनों साथ साथ ख़ुशी ख़ुशी रहते थे, मिल बाँट कर खाते पीते थे। दोनो एक साथ अपने घर परिवार को चलाते थे पोषण करते थे और एक साथ रहते थे।

परिवार को और साथी को किस प्रकार सुख- सुविधा जुटाई जाए इसी बात पर ध्यान रहता था। ज़रूरत पूरी होती थी एक दूसरे की इस सम्बंध को बना के रखने में। सुख-दुःख के साथी थे दोनो, एक दूसरे की ताक़त, एक दूसरे का जोश, एक दूसरे का संगी-साथी व जीवन को मधुरता से भरने वाला/वाली थे। एक दूसरे को पूरा सप्पोर्ट था, सहारा था कि दूसरा है ना - सम्भाल लेगा! या उन्हें सचमुच लगता था जैसे कि बिना सवाल किए दूसरा मानो उन से कह रहा है ...मैं हूँ ना तुम चिंता मत करो। । तुम बस अपने काम पर ध्यान लगाओ। - कर्तव्य/duty को ले कर रोल्ज़ को ले कर कोई द्वन्द नहीं था। ना ही उसे ले कर कोई शिकायत ही होती थी। फिर रिश्तों की ज़रूरतें बदलने लगीं, और आज के युग में तो ज़रूरतों के कई रूप हो गए हैं।

रिश्तों की बदलती ज़रूरतें

रिश्तों को बनाने के सीधे सादे कारण अब समय के साथ बदलने लगे और आज तो मॉडर्न जमाने में इक्कसवीं सदी में और भी अलग -अलग कारण हैं संबंधों को बनाने के कुछ तो निम्नलिखित हैं:

- इमोशनल सपोर्ट - अकेलेपन से मन घबराता है, मेरी भावनाओं का गहराता सागर कहीं मुझ अकेले/अकेली को डुबो ही ना दे। कोई तो हो जो मेरी बात

सुने और अपनी कहे। ये रिश्ता बनता है इस ज़रूरत पर कि “I’m scared of being lonely मैं अकेला घबरा जाता हूँ ”इस लिए चलो रिश्ता ही बना लेते हैं।

- फाइनेंसियल सपोर्ट, चलो दोनों कमा कर लाएंगे, मिल बाँट कर खाएँगे और बचा भी लेंगे। एक और एक ग्यारह वाली बात इन्हे ज़्यादा सार्थक लगती है। जैसे मैं पढ़ाई पूरी करूँ तब तक यू सप्पोर्ट मी वगैरह का समझौता होता है।

  कि एक सप्पोर्ट करेगा दूसरा फ़्यूचर की तैयारी करेगा दोनो के काम आएगी यह आज की मेहनत, तो मिलजुल कर आर्थिक ज़िम्मेदारी का निर्वाह करनेवाला एक रिश्ता बन जाता है।

  या फिर दोनो की मिलिजली तनख़्वाह से बचत की जा सकती है परिवार को ढेर सारी सुविधाएँ जुटाई जा सकती है। अपना lifestyle यानी जीने का स्तर बेहतर किया जा सकता है जैसे कोई भी कारण हो सकते है, आर्थिक कारणों से रिश्ते बनाने के।

- परिवार को मिल कर देखेंगे: «You look after mine - I look after thine. तुम मेरों का ख्याल करो मैं तुम्हारों का करूँगा। उनका अपने परिवार के प्रति उतरदायतिव को देख कर क़ई बार लगता है कि आप को पता नहीं कब तक इंतज़ार करना पड़े तो अच्छा है मैं ही हाथ बटा दूँ परिवार का पोशन करने में। माता-पिता या भाई -बहनो को सेटल करने में, नहीं तो यूहीं जीवन बीत जाएगा इंतज़ार में -ये तो क़सम खाए बैठे हैं कि जब तक इनको ना सेटल कर लूँ कोई सम्बंध ही नहीं बनाना है मुझे। तो मदद करने की इच्छा से भी रिश्ता बनाया जाता है।

- सोशल नीड -कुछ सोचते हैं। मैं नौकरी ऐसी जगह करता/करती हूँ जहां शादीशुदा लोगों को जल्दी प्रमोशन मिलता है या कम्पनी की इमेज के लिए ज़रूरी है पारिवारिक व्यक्ति की छवि हो इस लिए रिश्ता बनता है। या क़ई बार तो प्रॉपर्टी में भी हिस्सा तब मिलता है जब देखते है कि परिवार की ज़िम्मेदारी ले सकते हैं निभा सकते हैं, तो बस बना लेते है एक रिश्ता या कर डालते है शादी।

- बिज़नस पार्टनर तो बने ही हैं नर्सिंग होम खोलना है या कोई स्कूल कॉलेज यूनिवर्सिटी, या कोई भी बिज़नेस तो चलो अब हम एक भी हो जाते हैं, साथ-साथ जीवन भी बिताएँगे और बिज़नेस भी चलाएँगे दोनो की क्वालिफ़िकेशन काम आएगी और प्रोफ़िट भी घर में ही रहेगा और पुश्तें तर जाएँगी हमारी। तो बस इसी बात पर बन जाता है सम्बंध।

- प्रेम भी हो सकता है

शारीरिक और भावनात्मक आकर्षण खींच लाता है दोनो को एक दूसरे के नज़दीक, साथ में रहने के सपने संजो ही लेते है दोनों और ले लेते है सात फेरे।

ये तो हुई बात रिश्तों के पुराने रूप के बारे में, जब स्त्री पुरुष सम्बंध बनाते थे शादी ब्याह रचाते थे परिवार बनाते थे। उसका पोषण करते थे सुख दुःख में साथ देते थे, बना के रखने में ज़्यादा ध्यान लगाते थे, ज़्यादातर काम करते हुए परिवार और साथी का ही विचार रहता था मन में।

छोटी बड़ी बातों को मिल कर सुलझाया जाता था। एक ने कही दूसरे ने मानी में कोई छोटा या बड़ा नहीं महसूस करता था, बढ़ती उमर के साथ साथ रिश्तों में प्रगाढ़ता बढ़ती जाती थी। हम और हमारे बच्चे या फिर साथ में माँ बाऊ जी और कभी कभी संयुक्त परिवार इसी में जीवन कट जाता था।

पति पत्नी और बच्चे ज़्यादातर यही रूप था परिवारों का रिश्तों का।

समय के साथ साथ, सदियों के बदलते मिज़ाज के साथ अब तो रिश्तों को निभाने के बहुत सारे रूप हो गए हैं।

बदलते रूप रिश्ते की नज़दीकियों के:

- लॉन्ग डिस्टेंस रिलेशनशिप्स

एक दूसरे से दूर रहना नौकरी की वजह से। अगर कोई अपनी नौकरी या बिज़नस नहीं छोड़ सका या छोड़ना नहीं चाहता क्योंकि इतनी मेहनत जो की है, या फिर अपनी एक पहचान या फ़ाइनेंष्यल freedom भी ज़रूरी है ऐसा समझता है। जहां इस बात को ज़्यादा अहमियत दी जाती है तो फिर एक दूसरे को समझते हैं और

कहते हैं "अरे मिल तो लेते हैं कभी -कभी वीकेंड पर और फिर साल में एक बार मैं और एक बार तुम छुट्टी ले तो लेते हैं नौकरी छोड़ने की या बिज़नस समेटने की बात क्यूँ की जाए "long distance वर्क्स perfectly फॉर us।

ऐसा अक्सर वो अपने परिवार को या दोस्तों को भी कहते हुए पाए जाते हैं। कोई एक शहर में, तो दूसरा दूसरे शहर या गाँव में। और कभी कभी कोई काम के सिलसिले में बाहर चला गया विदेश -या विदेश से शादी करवाने आए और वीज़ा के इंतेज़ार में तो पत्नी मैके में या ससुराल में इंतज़ार करती है उनके साथ रहने का फोन पर बातें होती हैं। इसी में आनन्द प्राप्त करते हैं लोंग डिस्टन्स सम्बंध बन कर रखने वाले।

- वीकेंड रिलेशनशिप्स - एक निश्चय लिया जाता है कि एक सप्ताहांत पर तुम और एक वीकेंड पर मैं आ जाया करूंगी या वीकेंड पर मिलते रहेंगे lets फोकस ऑन स्टडी पहले बिफोर committing, या कोई भी कारण हो सकता है वीकेंड पर मिलने वाले समझौते का, कभी कभी मिलने का रिलेशनशिप है ज़रूरी नहीं कि रोज़ मिला जाए कह कर मन को समझाते हैं। एक दो दिन मिलने का निश्चय बहुत ही दबाव के कारण लिया जाता है। दबाव सामाजिक या निजी हो सकता है।

- तुम 24 X 7 मेरे साथ रहो ऐसा भी एक रिलेशनशिप है। जहां दिन में तीन बार फ़ोन भोजन की तरह ज़रूरत हो जाता है, पूरी रिपोर्ट ली जाती है कहाँ हो, क्या कर रहे हो, कब आओगे, क्या तुम्हें मेरी याद नहीं आती? क्या कोई ऐसा काम नहीं कर सकते कि तुम चौबीस घंटे बस मेरे ही पास रहो? कई बार ऐसे रिश्तों में क्लिन्गीनेस इतना बढ़ जाता है कि दम घुटता है की शिकायत करते हैं लोग इसे निभाने वाले।

- डबल इंकम नो किड्स - चलो अपने अपने करियर पर फोकस करते हैं बाकी टाइम आउटिंग करेंगे। बच्चे नहीं चाहिए -टाइम कहाँ है उन्हें पालने का।

- अकेले रहते हैं: किसी का साथ गवारा भी नहीं, ज़रूरत भी नहीं। कौन मन की शांति भंग करे अकेले ही बादशाह है, मनमानी करते हैं किसी की रोक-टोक नहीं, जवाब देही नही। या हो सकता है क़ि दुनिया से मन ही ऊब गया है अब किसी से दिल लगाना ही नहीं है।

- बच्चे गोद ले लेते हैं:

  इसके लिए शादी की क्या ज़रूरत अकेले भी सँभाल सकते हैं, बाक़ी झमेले की क्या आवश्यकता है। उसी को पालकर अपने अंदर की माता अथवा पिता होने की चाह को पूरा कर लेना। हम रोज़ न्यूज़ सुनते हैं जहां लोग एक या अनेक बच्चों को गोद लेते हैं। कारण दुनिया की या असहाय बच्चों की सहायता भी हो सकता है या फिर कोई मेडिकल या पर्सनल रीज़न भी हो सकता है

- न पत्नी की ज़रूरत न दिलरुबा/दिलबर की;

बच्चे तो ऑन ऑर्डर भी बन सकते है कोख किराए पर ले कर अपना स्पर्म/अँड़ा दे कर बच्चा तैयार!फिर ना तो शादी की ज़रूरत ना दिल लगाने की, आजकल का नया फंडा है अक्सर युवाओं में। आज के मिलेनीयल किड्स से बात करें तो पता चलता है कि रिश्ता तो बनाएँगे शादी वाला नहीं कौन कमिट्मेंट का झमेला उठाए?

आयी वांट टू बी answerable टू नन मैं किसी की जवाब देही नहीं चाहता/ती इट्स माई लाइफ़ ये मेरी ज़िंदगी है

यानी की आम तो खाएँगे पर दाम देने के लिए राज़ी नहीं हैं

एक पारंपरिक दृष्टिकोण और शादी की ज़रूरत बदलते -बदलते अब मेड टु ऑर्डर फॉर कम्फर्ट, इंडिपेंडेंस, बिना रोक टोक अपनी तरह से जीवन जीने की ज़रूरत का रूप ले चुकी है। जीवन की जरूरतों की बदलती priorities ने अब तो रिश्तों का रूप ही बदल कर रख दिया है,

एक ओर रिश्ते बनाने के कारण और रिश्तों के रूप अब तो ये भी सवाल करते हैं जब इतना कुछ है टेक्नोलॉजी का दिया हुआ तो किसी और की कोई ज़रूरत ही क्या है?तो दूसरी ओर अब भी पारम्परिक रिश्तों का निर्वाह किया जा रहा है उनकी गवाह हैं धूम धाम से की जा रही शादियाँ।

जागरूक हो तो रहे हैं अब कपल्ज़ पर इतने अधिक नहीं जो जानते हैं कि अगर रिश्तों में मिठास और ग्रोथ की जगह कड़वाहट बढ़ रही है तो किसी थेरेपिस्ट या काउन्सिलर की मदद ले ही लेनी चाहिए जो की गाइड करे

प्रॉब्लम की जड़ ढूड्ने में। अगर ऊपर ऊपर से सतही तौर पर हम काम करते रहेंगे जैसे कि प्रॉमिस किया शक नहीं करेंगे, चिल्लाएँगे नहीं, ताना नहीं देंगे, आदि पर एक दो बार के बाद फिर से पुराना रेस्पॉन्स का तरीक़ा लौट कर व्यवहार में हावी हो जाता है

क्यूँकि आप के दर्द का कारण व्यक्ति और परिस्थिति नहीं वरन आपकी सोच है, आपके नक़्शे हैं, जो आपने बना रखें हैं दुनिया के बारे में। उसी के अनुसार आप दुनिया के बारे में सोचते हैं, आप रीऐक्ट करते हैं

जैसे कि अगर मन में धारना बना रखी है कि पुरुष/स्त्री स्वार्थी होते हैं, आपको बेवक़ूफ़ बनाते हैं/अपना काम निकाल कर धोखा देते हैं, तो सामने वाला चाहे जितना भी अच्छा व्यवहार करे आप उसे शक की दृष्टि से देख कर उसका ताउम्र इम्तिहान ही लेते रहेंगे और रिश्ता तो आत्मीयता की ओर जा ही नहीं पाएगा।

तो जो वजह है रिश्ते के गड़बड़ाने की उसे ठीक कर ही लिया जाए उस पर ही काम किया जाए कि आप का ये विचार एवं धारना बनी कैसे?उस कारण का निवारण ही सोच और दृष्टिकोण बदलेगा, उस से जुड़ी हुई भावना जब बदलेगी तभी बिहेवियर बदलेगा।

रिश्ते को और अपने आप को एक नयी जागरूक नज़र से देख कर कमियों पर काम करने का निश्चय कर लिया जाता है। ताकि रिश्ता जिस मिठास के लिए प्रेम के लिए संजोया जाता है उसे बना कर रखने का तरीक़ा सीख लें। परिवार भी खुश, दम्पति भी खुश और उनके सम्पर्क में आने वाला हर व्यक्ति और समाज भी खुश।

जैसे ही अपने विचारों के प्रति सजगता आएगी इसके साथ ही आप को बिलकुल साफ़ -साफ़ समझ आएगा कि आपने रिश्ता बनाया क्यूँ है? जब आप पूरी तरह से निश्चित कर लेते हैं रिश्ता किस बेस पर टिका है। तभी आप ये भी निष्चित कर पाएँगे कि ये रिश्ता जोड़ कर रखने पर काम भी करना है अथवा नहीं।

सोचो ज़रा

कुछ क्षण आँखें बंद कीजिये और सोचिए क्या है आपके रिश्तों की why

- क्यों बनाया आपने ये रिश्ता?
- क्यों टिके हैं आप इस रिश्ते में?
- कौन सी जरूरत पूरी कर रहा है आपका हर रिश्ता?
- क्या है आपकी priority/प्राथमिकता? क्या प्रभावित कर रहा है आपके रिश्तों को?

बहुत सी चीज़ें हमारे रिश्तों को प्रभावित करती है:

- हमारी सोच
- रिश्ता क्या है हमारी नज़र से: ज़रूरी है या ज़रूरत है?
- रोल क्या है हमारा और उनका रिश्तों में
- अपेक्षाएँ क्या हैं एक दूसरे से
- सुना क्या है रिश्तों के बारे में
- देखा क्या है आस- पास रिश्तों में ख़ुशी अथवा ग़म?

अलग अलग तरह की जरूरत रिश्तों को अलग अलग तरह का रूप दे देतीं हैं। और

दूसरी बात जो प्रभावित करती है रिश्तों को वो है कि पृथ्वी के किस हिस्से में आप रहते हैं।

आपका कल्चर आप की कम्युनिटी आप के रिलीजियस beliefs क्या क्या हैं, रिश्तों के बारे में क्या धारणा हैं उनकी।

आपने आसपास के लोगों से प्रेम के बारे में, रिश्तों के बारे में सीखा क्या है? माँ से, पिता से, आंटी से, अंकल से, दोस्तों से, फिल्मों किस्से -कहानियों में, परिवार वालों से मित्रों से।

बस वही सब बन जाते हैं आपकी सोच व नज़रिए की बेस

Beliefs यानि नज़रिया

किसी भी चीज़ को व्यक्ति या रिश्ते को, परिवार, घर बच्चे, धन, को ले कर बचपन से क्या विचार और धारणाएँ बनाई है? हम आगे आने वाले पन्नों में कवर करेंगे क़ि आप के decisions यानि आपके निश्चय के ऊपर काफी इफैक्ट रहता है Beliefs/आस्था का।

आप जो भी निश्चय लेते हैं उसके पीछे आपका नज़रिया और आपकी धारणाएँ रहती है। बहुत सारे कपल्ज़ जो रिलेशनशिप की प्रॉब्लम ले कर आते हैं उनसे बात करके पता चलता है कि किस कदर हावी हो गयी हैं उन पर वो सब धारणाएँ और किस तरह असर कर रही हैं उनके रिश्तों को ये सब नज़र आता है जब सेशंज़ किए जाते हैं टू फ़ाइंड द कोर इशू उनकी प्रॉब्लम का।

कोई भी प्रॉब्लम को हम ले लें जैसे कि कुछ लोग कहते है

कमिटमेंट करने से डर लगता है पहले से ही चोट खाए बैठे हैं

अक्सर मेरे पास ऐसे भी क्लाइयंट आते हैं थेरेपी, कोचिंग और कप्ल काउंसलिंग के लिए जो कहते हैं कि शादी नहीं करनी है, कमिटमेंट नहीं करनी है क्योंकि मैंने देखा है रिश्ते टिकते नहीं ज़्यादातर - मेरे आसपास पांच डिवोर्स हो गए हैं।

मेरे आसपास की शादियाँ में लोग बहुत दुखी हैं और पछता रहे हैं कि उन्होंने रिश्ता क्यों बनाया? तो मैं कमिट्मेंट कर के फँसना नहीं चाहता/ती

मेरे आस पास के लोगों के रिश्ते देख कर मैं तो किसी से मन लगाता/लगाती ही नहीं, क्यों कि हार्ट ब्रेक heartbreak बहुत दर्दनाक painful होता है।

या फिर उनका विचार है एक बार हो गया था heartbreak बस उस से मैं उभर नहीं पाया, अब दोबारा दिल और दिमाग पर घाव सहन नहीं होगा

रिश्ता बनाएँगे ही नहीं तो दर्द से बचे रहेंगे ऐसा सोचना ग़लत है,

मैंने तलाक देखे हैं वगैरह -वगैरह। रिश्ता बना के करना क्या है? रिश्ते तो गरजों पर यानि मतलब पर टिके होते हैं आदि। ऐसा सोचने वालों की भी गलती नहीं है।

हो सकता है ये धारणा उन्होंने चैलेंज ही नहीं की और न ही इसका कारण पूछा दोस्तों से कि उन्होंने रिश्ता क्यूँ तोड़ा बस उसका एंड रिज़ल्ट देख कर निश्चय कर डाला, कि नो ही ठीक है, रिश्तों वाली थाली को दूर से ही प्रणाम।

रिश्तों में रोमांस

रोमांस यानी कि प्रेम भरे ख़त अथवा मैसेज भेजना, तोहफ़े ख़रीदना, डेट पर जाना, किसी भी मुलाक़ात को यादगार बनाने की कोशिश जैस की कैंडल्ज़, फूलों का और ख़ुशबूँ का इस्तेमाल करना बेस्ट बिहेव्यर दिखाना, एक दूसरे की देखभाल करना उनकी छोटी से छोटी फरमाइश और ज़रूरत का भी ध्यान रखना, उन्हें बार बार प्रशंसा करके अपनी appreciation दिखाना। फ़्लर्ट करना यानी आते जाते हल्का सा स्पर्श और हल्की छेड़ छाड़ ये नहीं की ये सब केवल बेडरूम तक ही सिमट कर रखा जाए ऐसी चीजों की अपेक्षा रहती है। कोमलता एवं आदर व पेशेन्स से पेश आना, कोई बात नहीं dear कहना मुस्कुराते हुए। कुछ इस तरह का रोमांस ढूँढ रहे जोड़े उसे रिश्तों में ना पा कर निश्चय कर लेते हैं दुकेले से अकेले रहने का।

आपसी आदान प्रदान एवं साथ रहने में रोमांस तो तभी आएगा जब और चीजें भी साथ में जुड़ेंगी। जैसे की रिश्तों की गरिमा को समझना, अपना उतरदायित्व समझना व निभाना, एक दूसरे के विचारों को जान लेना, पसंद-नापसंद को समझना अपनी बाउंड्रीज़ को समझना, ट्रस्ट बढना, एक दूसरे का सम्मान करना, तहज़ीब दिखाना, आप पर निर्भर किया जा सकता है। तो सहज ही रोमांस चला आएगा।

रिश्तों में यह जो रोमांस का हिस्सा है यह तो बहुत बाद में आया है पहले तो रिश्तों के रोल बिलकुल स्पष्ट थे कि कौन क्या करेगा और वो साथ रहते रहते dependibility और ट्रस्ट बढ़ता था एक दूसरे के साथ की घनिष्टता भी और अपने आप ही मन कर आता है रोमांस से जुड़ी बातें करने को।

दिल से ही आ जाता है कि अपने प्रिय के लिए ये सब किया जाए। पर अगर हम

अपेक्षा करते हैं कि केवल रोमांस पहले आए रिश्ते में तभी निभा पाएँगे रिश्ते को वरना छोड़ के चल देंगे हम तो आप बहुत गलत सोच रहे हैं

इस लिए बेहतर होगा केवल रोमांस को ही बेस मत बनाए रिश्ते की

ये रोमांस बहुत ही थोड़ी देर के लिए रहता है टेम्परेरी है ये, फिर बूस्टर डोज़ ढूंडता है, दिमाग़ में अंदर जब किसी से इंटरैक्शन की चाह में, या उनके सानिध्य में बैठते हैं कुछ फ़ील गुड हॉर्मोन रिलीज़ होते हैं पर अफ़सोस कि हर 2 साल बाद इसे सब बासी सा लगना शुरू हो जाता है कुछ नयापन या excitement की तलाश शुरू, एक जगह क्यूँ टिकना? वाली सोच हावी होने लगती है।

अगर सिर्फ़ रोमांस ही फ़ील करके रिश्ता बनेगा तो ज़्यादा देर टिक नहीं पाएगा।

क्यूँकि केस स्टडीज़ के द्वारा ये देखा गया है कि रिश्ते का जुड़ाव २-३ साल तक ही एक खुमार बन कर रहता है। बॉडी के फ़ील गुड होरमोनस के स्त्राव की मात्रा कम अथवा खतम होते ही फिर ज़िंदगी वही पुराने ढर्रे पर चली आती है।

क्यूँकि अब जिसे पा ही लिया है उसे लुभाने की क्या आवश्यकता वाली सोच शुरू हो जाती है एक रोज़ाना जैसे ऑटो मोड पर जैसे उठना सोना खाना पीना बेख़याली से टेकन फ़ोर ग्रांटेड रोज़मर्रा की चीज़ बन जाती है। साथी के साथ ही रहते हैं पर उनकी नज़दीकी अब वो एक प्यारी सी मीठी सी सिहरन सी जगाने वाली नहीं रहती, रोमांस ख़त्म यानी वो तोहफ़े, तारीफ़ और उन्हें ताकते रहना फ़िनिश

फिर से एक बूस्टर डोज़ की ज़रूरत पड़ती है उस भाव को जगा देने के लिए। तो इसी लिए आवश्यक है कि रोमांस को नहीं बाक़ी सब चीज़ों को भी ध्यान दिया जाए जो की बनती हैं ठोस आधार एक रिश्ते को गहरा मीठा, अर्थपूर्ण बनाने में।

किसी को अपना बना लेने के बाद उस रिश्ते को बना कर रखना भी उतना ही ज़रूरी है। जितना ज़ोर लगाया था उसे बनाते वक्त उतना ही एफ़र्ट उसे बनाए रखने के लिए भी ज़रूरी है। छोटी-छोटी बातें जैसे कि ध्यान से बात सुनना, अपनों के लिए समय निकालना आदि। अगर ये बात हम भूल जाएँगे तो प्रेम भी हमें भुला देगा और हम फिर से साथ रहते -रहते के भी तनहा एकाकी महसूस करेंगे।

ग़लत फ़हमियों के कारण जिसमें मोस्ट्ली अहम और वहम शामिल रहता है जब अपने आसपास के रिश्तों की आसानी से होने वाली दर्दनाक मौत को देखते हैं तो उसके टूटने के दुःख से जो दुःख होता है उस दुःख से अपने आप को बचाने के लिए तोड़ने की बात हमें ज़्यादा सुलभ और सच लगती है कि ठीक ही तो है कि दिल की सेहत और दिमाग़ की शांति के लिए अच्छा है रिश्ता बनाया ही ना जाए।

ध्यान जाता ही नहीं इस बात पर कि रिश्तों के ऊपर काम भी किया जा सकता है। एक अच्छी बढ़िया डिश जैसे इन्हें ही भी संवारा जा सकता है, बस ज़रूरत है इसकी अहमियत समझने की, इन टिप्स को जानने की और तत्परता से इनपर काम करने की।

किसी को देख कर सीखना, धारणा व सोच बनाना और अपना आदर्श बनाना ही है तो क्यूँ ना हैपी कपल्ज़ को देखा जाए। थोड़ा उनसे मेल - जोल बढ़ाया जाए, अपना मित्र मंडली बदला जाए और उनसे सीखें दिलों को मिलाए रखने के कौन से तरीक़े अपनाए उन्होंने? ऐसा क्या जुड़ाव का जादुई गोंद है जो सहेजे रखता है उनके मीठे से रिश्तों को? ऐसे कौन से पहलू हैं रिश्तों के जिन पर उन्होंने काम किया और बढ़ती चली जा रही है उनके रिश्तों में नज़दीकियाँ जिसमें रोमांस तो खुद ब खुद खिंचा चला आएगा।

रिश्तों के कई फ़ैसेट्स होते हैं, निजी, सामाजिक, आर्थिक, आत्मिक आदि पहले तो रिश्ते ज़्यादातर इन हीं ज़रूरतों के कारण बनाए जाते हैं। पहले इनका रूप प्रदाता और प्रबंधक यानी प्रोवाइडर और मैनेजर जैसा था। बेसिक सहारों के लिए, साथी हाथ बढ़ाना टाइप के होते थे। कि मिल कर एक घर का एक बाहर का ज़िम्मा उठा लेगा। जब रोटी कपड़ा मकान का बंदोबस्त हो गया तो इश्क़ की ज़रूरत लगी।

रोमियो जूलिएट की कहानी के साथ साथ, रेस्क्यूइंग द डेमसेल इन डिस्ट्रेस, नाइट इन द शाइनिंग आर्मर, मिल्स एंड बून, बारबरा कार्टलैंड इत्यादि, लव सटोरी के पाठ बाद में सीखे। भरपेट भोजन के बाद नर्म गरम बिस्तर पर पड़े फुर्सत में बैठ कर रोमांस याद आता है, नहीं तो बाकी वक़्त तो दो जून रोटी कमाने में ही निकल जाता है।

बढ़ती सुविधाओं के साथ काम से फ़ुरसत मिलते ही खाली समय में आती है मन की खिड़की से बाहर झांकती है एक तमन्ना, कि काश कोई इस समय साथ में हो और मन का सूना आँगन लहलहा उठे प्रेम पुष्पों से, कोई फ़ोन ही कर ले, आग़ोश में समेट ले, कोई तोहफ़ा ही ला दे, कोई मधुर स्वर में आइ लव यू ही बोल दे, कोई तारीफ़ ही कर डाले, कोई बात की जाए कोई प्यारा सा एहसास बाँटा जाए।

पहले बिजी रहते थे भोजन व सुरक्षा जुटाने में तो सारा वक्त सुबह से रात तक गया कहाँ ये पता ही नहीं चलता था और साथ ही ना तो इतना एक्षपोसर ही हुआ था, ट्रांसपोर्ट के ज़रिए व सोशल मीडिया व जागरूकता बढ़ जाने के कारण जो अपेक्षाओं के बढ़ जाने से मन और रिश्तों के टूटने का एक बहुत ही विकराल रूप लेता हुआ सा नज़र आ रहा है।

पहले पहल तो कोई भी ख़्याल इस भरे पेट, सुरक्षित घर द्वार, तन पर वस्त्र से परे जाता ही नहीं था ना ही विचार आता था कि शिकार से आते वक्त कोई साथ में दो फूल ही लेता आए हमारे लिए। ये भी सच है कि अपेक्षाएँ, आशाएँ, चाहतें रिश्तों के अलग अलग पहलुओं की अलग अलग ज़रूरत पूरी करते हैं पर हमें

रोमांस - यानी शारीरिक, भौतिक, सामाजिक आदी के साथ एक भावनात्मक ज़रूरत पूरा करता प्रेम चाहिए यानी की रूमानी एहसास हो किसी की बातों से ऐक्शन से, व्यवहार से, उपहार से। ट्रांसपोर्ट के ज़रिए जगह जगह ट्रैवल कर के व सोशल मीडिया व जागरूकता बढ़ जाने के कारण जो रोमांस की इतनी ज़्यादा डोज़ हो गयी है कि प्रेम के सादेपन और गहराई पर अब ध्यान जाता ही नहीं है।

अब तो प्रेम एक नशा - और एक खुराक सा बन गया है इश्क़। इसकी रेगुलर डोज़ चाहिए जीवन में। अब तो हम एक साइंटिफिक मूवी में भी रोमांस ज़रूर ढूँढ़ते हैं!!!

हमें याद रखना होगा रोमांस के साथ और भी पहलू हैं रिश्तों के। ज़्यादातर हम रिश्ते बनाते हैं और रिश्ते बनाए रखने में एफ़र्ट करते हैं ताकि हमें कोई फ़ील गुड कराता रहे

इंसान संबंध बनाते हैं क्यों कि

हर व्यक्ति चाहता है कि कोई ऐसा हो जिस से

- (Love)। प्रेम मिले
- (Acceptance) स्वीकृति मिले
- (Appreciation) क़दर मिले
- (Validation) मान्यता मिले

कभी सोचिए या फिर कभी तो ख़्याल आता ही होगा -पल भर के लिए हमारी भी कोई कदर करे, बिना नुक़्स निकले प्रशंसा करे? एक बड़ा मीठा सा एहसास हो दो व्यक्ति जब आपस में मिले। एक दूसरे को समझें, अपनाएँ, आदर दें और स्वीकार करें।

पर क्या वो ऐसा कर पाएँगे?अपने रिश्तों में या फिर अनभिज्ञता और अहम ही कुचल डालेगा सारी सम्भावनाओं को? उनका अहम या हमारा कोई भी हो, बेख्याली हो, लापरवाही हो, सबकी बेस यानी कि उसकी नींव में रहता है रिश्ता स्वयं के साथ। अपने बारे में हमारे क्या विचार हैं, धारणाएँ हैं वो काफ़ी हद्द तक रिश्तों को भी प्रभावित करती हैं। अपने आप को वर्थलैस समझते हैं जब तक दूसरा हमारी तारीफ़ ना कर दे, और इसी चाहत के पूरा ना होने के कारण हम उन्हें नापसंद करना शुरू कर देते हैं, खीजते हैं, कोसते हैं, एक दूसरे का मन दुखाते हैं।

अपने साथ रिश्ता मज़बूत हो ये बात सबसे अहम है। अगर इस रिश्ते में अपने प्रति प्रेम है appreciation है, acceptance है, validation है तो बहुत बढ़िया बुनियाद बनेगी आपके हर रिश्ते की। इस को हमें नंबर एक पर रखना चाहिए। अगर आप का रिश्ता आप के साथ बिलकुल ठीक है, मीठा सा है, तो फिर ज़ाहिर सी बात है कि बाकियों के साथ जो रिश्ता आप निभाएंगे उसमे वह मिठास अपने आप चली आएगी।

तो हमें अपने आप से जो रिश्ता है उसको समझना है, उस पर काम करना है

और एक मज़ेदार अचरज भरी बात कहूँ आपसे?इस रिश्ते पर कभी हमने गौर ही नहीं किया हमेशा ध्यान औरों से रिश्ता बनाने में ही लगा रहता है।

क्या आपको मालूम है हम अपने आप को भी शर्तों पर प्यार करते हैं?

आपको यह जानकर हैरानी होगी कि अपने आप को पसंद करना बहुत से लोगों के लिए कठिन होता है। हम जाने-अनजाने अपने आप को अक्सर सुबह से ही कोसना शुरू कर देते हैं। हम अपनी हर चीज़ को नापसंद करते हैं। शायद ही कोई विरला

इंसान होगा जो अपने आप को बहुत प्रेम करता है और कहता हो आई रियली लव माय सेल्फ। शारीरिक, भावनात्मक, मानसिक, आर्थिक, आत्मिक स्तर पर हम गलती ढूँढ ही लेते हैं -अपने आप को नापसंद करने वाली। वर्क वाइज, फैशन वाइज, क्वालिफिकेशन/योग्यता को ले कर हमें अपने बारे में काफी शिकायतें होती हैं।

हम अपनी नज़रों में ही पूरे नहीं हो पाते, कोई ना कोई त्रुटि दिख ही जाती है अपनी फिर हम उसे समझ कर उस पर काम करके सुलझाने की बजाए जब ब्लोन आउट ऑफ़ परोपोर्शन कर देते हैं तब ये परेशानी का कारण बन जाता है अपने आप को पसंद आने पर भी हम कितनी शर्ते लगा देते हैं। यानि कि हमारा प्यार शर्तों पर टिका है, अपने आप से भी।

हम सोचते और मानते हैं कि प्यार, मोहब्बत, इज़्ज़त तो केवल दूसरो को ही मिलती है मैं इन चीजों के काबिल नहीं हूँ loveable नहीं हूँ क्यूंकी मुझ में ये सब qualities नहीं हैं मुझ में पात्रता नहीं है। जब आप इस गुड फ़ोर नथिंग की सोच के साथ रिश्ते बनाएँगे तो कोई भी कॉन्वर्सेशन या जिरह/बहस में बोले शब्दों का यानी कि साथी की हर बात का वही मतलब निकालेंगे जिस से फ़ील हो आयी ऐम गुड फ़ोर नथिंग -मैं कुछ भी नहीं।

पहले तो आप यह देखें की आप की स्वयं के बारे में धारना क्या है क्या सोचते हैं कैसे रीऐक्ट करते हैं आप

जब आप अपने आप को शीशे मैं देखते हैं

- सुबह उठ कर, ब्रश करते वक्त देखते होंगे,
- कपड़े पहनते टाइम देखते होंगे, गुज़रते हुए देखते होंगे,
- ऑफिस मैं देखते होंगे, या
- फिर माल्स मैं कहीं पर भी शीशा नज़र आ जाये तो एक नज़र तो अपने आप को देखते ही होंगे, या
- फिर सेल्फी खींचते वक्त तो ज़रूर देखते होंगे।
- तो पहला ख्याल क्या आता है मन मैं?

मुझे 99.99% यकीन है कि हर व्यक्ति यही सोचता है अभी कुछ कमी बाक़ी है मुझमें, या तो अपने फिजिकल रूप के बारे मैं, या फिर अपने गुस्से के बारे मैं, अपनी हर क्वालिटी को छोटा कर के आंकता है और आंतरिक डायलॉग जारी रहता है

दिमाग़ में

ओह आई आम सो बैड, मैं बेकार हूँ

- मैं बहुत ज़ोर से बोलता हूँ, बहुत ज़ोर से बोलती हूँ, मेरी नेचर ठीक नहीं है,
- मेरी पदवी ठीक नहीं है, मुझे तो कोई प्रमोशन देगा ही नहीं
- मेरी ड्रेस सेंस ठीक नही है, आयी लुक लाइक फ़ूलिश, गंवार, नोट स्टाइलिश पर्सन
- मेरे बाल ठीक नहीं है,
- मेरे नाक, आंख, मुंह ठीक नहीं है,
- मेरे दांत ठीक नहीं हैं, इन्हे और सफ़ेद होना चाहिए,
- मेरी आवाज़ ठीक नहीं है मेरी वोकैब्युलेरी और प्रनन्सीएशन ठीक नहीं है

आदि जैसे कितने ही विचारों की हम बौछार कर अत्याचार करते रहते हैं दिन भर स्वयं पर - कभी सोचा है? हमें अनजाने मैं ही (Judgment) राय, अनुमान, विचार का चश्मा लगा कर देखने की आदत पड़ जाती है और फिर हम हर वस्तु, परिस्थिति और व्यक्ति को भी उसी चश्मे से देखते हैं और इसके कारण नुक़सान ही पहुँचाते हैं अपने रिश्तों को।

नीड़ फ़ोर अप्रीशीएशन

कोई भी व्यक्ति नहीं चाहता कि उसके नुक्स निकाले जाएँ उसे टोका जाए। सब प्रशंसा का पात्र बनना चाहते हैं और चाहते हैं बिना शर्त स्वीकृति सबसे। पर क्या आपने अपने आप को बिना शर्त स्वीकृति दी? किसी टैलेंट की प्रशंसा की? आप के स्वभाव व पर्सनालिटी में कोई तो गुण होगा उस पर भी डालिए एक नज़र स्वीकार कीजिए स्वयं को। प्रकृति की हर चीज़ को हम में अच्छे एवं बुरे, पॉज़िटिव अथवा नेगेटिव दोनो तरह के लेबल लगाते रहते हैं पर असल में ये सब रेलेटिव है कि किस जगह, किस परयोजन के साथ, परिस्थिति के साथ वोह घट रहा है उसे ही समझना होगा और एक बैलन्स्ड तरीक़े से उसे समझना होगा।

हमें अपने अंदर के हर स्वरूप को स्वीकार करना होगा। जो अच्छा है प्रशंसनीय है जो बुरा लग रहा है तो उस पर काम कीजिए। केवल एक मैं बेचारा वाली विक्टिम मानसिकता से काम नहीं चलने वाला।

और ना ही इतनी ज़्यादा मीन मेख कि आदत बुराई ही ढूँढते रहना अच्छाई एवं गुण को गौण कर देना आदत बना लेंगे व जब हम अनचाहे ही ये बर्ताव करेंगे तो ये रिश्तों की मिठास और उमर के लिए घातक सिद्ध हो सकता है। यह डिस्टॉर्शन वाला चश्मा या रवैया बदलना होगा सुखद स्वस्थ रिश्तों को बनाए रखने के लिए।

बहुत सारे सेमिनार/वर्कशॉप किए जाते हैं रिश्तों पर और अपने बिलीफ़ पर काम करने के लिए। एक प्रॉपर स्ट्रक्चर के साथ जहां सीखा जा सकता है, विश्लेषण किया जा सकता है, DIY के तरीक़े सीखे जा सकते हैं जिनसे पता चलता है आप के रिश्तों की लम्बी उम्र और मिठास के बीच क्या रुकावट आ सकती है और उस से निबटा कैसे जाए?

हम भी वर्कशॉप करते हैं, कोचिंग भी फॉर पर्सनल transformation डिटेल्स यू can check ऑन website www.oorjaatemple.com

अक्सर स्वयं को बहुत छोटा कर के आंकना, तुच्छ समझना, किसी काम का ना समझना, हीन भावना को जन्म दे देता है। किसी की भी की हुई तारीफ़ सच नहीं लगती। कोई भी हमारे लिए किया हुआ काम एक शक जागता है मन में कि ज़रूर कोई अपेक्षा होगी नहीं तो मैं इस काबिल कहाँ कि कोई मेरे लिए अपना समय ओर एफ़र्ट लगाए।

मैं पात्रता की बात कर रही हूँ, सेल्फ इमेज और वोर्थ फुल्नेस्स worth fullness की बात कर रही हूँ।

अपने आप में, जब हम अपनी नज़रों में अधूरे होते जाते हैं तो, यह पूर्णता हम बाहर तलाश करते हैं, हम ये प्रशंसा, और मूल्यांकन अपने से बाहर ढूंढते हैं और नहीं मिलता तो अपने आप को, उदास कर लेते हैं स्ट्रैस और anxiety से घिर जाते हैं, आइ एम गुड फॉर न्थिंग की सोचको और हवा देने लगते हैं ये विचार।

जो प्रशंसा हम अपने आप को नहीं दे पा रहे हम चाहते हैं हमें कोई दूसरा बताए "नहीं -नहीं तुम बहुत सुंदर हो, काबिल हो, बहुत बढ़िया रवैया है तुम्हारा आदि तारीफ करे।

इन्फैक्ट हमारे अंदर का बचपन वाला बच्चे सा हिस्सा अभी भी तलाश करता है वो माता पिता भाई बंधुओं से मिला प्यार और शाबाशी एवं प्रशंसा जब नहीं मिला तो लालसा रह गयी और हर बाद वाले रिश्ते में झलक ही आती है और हम कर बैठते है ड्रामा वाला व्यवहार।

ड्रामा रिश्तों में

अक्सर क्या कभी रिश्तों को निभाते हुए हेल्प्लेस, होप्लेस, पावर लेस निग्लेक्टेड फ़ील हुआ है? जब भी हम कोई अपना या किसी का विचार, शब्द, वर्ताव डिसटॉर्ट कर देते हैं तब ही ऐसा फ़ील होता है। जिस भाव में बात कही गयी अथवा व्यवहार किया गया उसी भाव से अगर समझा ना जाए हमें डिस्टर्ब कर देता है।

जब भी ऐसा महसूस होता है हम कोई ना कोई बचाव का तरीक़ा अथवा भाव अपना ही लेते हैं और पारस्परिक बातचीत व बर्ताव सहज रूप से करने की बजाए में हम कोई ना कोई रोल तो unconsciously (अनजाने में) अपना लेते हैं और बेकार ही पैदा कर लेते हैं कॉन्फ़्लिक्ट और पेनफ़ुल सिचूएशन

अन्कोंशियस रोल्ज़/अनजाने में ही

- या तो बेचारा बन जाते है(पीड़ित/शोषित) : मैं बेचारा/बेचारी मेरी तो कोई अहमियत ही नहीं आदि फ़ील करना जैसा कि हेल्प्लेस, होप्लेस, पावरलेस, निश्चय ना ले पाना दूसरों को मुहं ताकना मेरी कोई मदद कर दे। विश्वास दिला दे और कहे नहीं नहीं ऐसा नहीं है या घंटों एक जुमले को ले कर एक ही बात को पकड़ कर जुगाली करते रहेंगे यानी मशीन में पड़े धोए जाने वाले कपड़ों की तरह churn करते रहेंगे और फिर मशीन बंद करना ही भूल जाते हैं तब हांफते हुए थक कर निढाल हो कर सोचते हैं ओ माई लॉर्ड ये इतने थकावट इतना लाइफलेस जैसा क्यूँ फ़ील होता रहता है मुझे? क्या आपको लगता है इस में कोई क्विज़ है जिसे सॉल्व ना किया जा सके?

ज़रा ध्यान दीजिए अपने दिमाग़ में दिनभर चलते विचारों पर, अपने सोचने के ढंग पर, अपने आप को कितनी बार बेचारा सा महसूस किया है आपने?

- या फिर बन जाते हैं क्रोधित व कठोर। कर्कश शब्द इस्तेमाल करते हैं और दूसरों को बेवक़ूफ़ समझते हैं और पाठ सिखाते हैं और जताते हैं कि सारी गलती आप की है। और अपने फ़ैसलों से टस से मस नहीं होते और अपेक्षा करते हैं कि आपको ही बदलना होगा उनके लिए। उन्हीं के नज़रिए को सर्वोपरी रखते हुए रहना होगा।

- और कभी अपना लेते हैं बात बात पर हिदायत देना, सीख देना अपने तरीक़े की पैरवी करना। ऐसा लगता है जैसे साथी के साथ ना रह कर आप एक प्रोफ़ेसर के साथ रह रहे हैं या जैसे कई कपल्ज़ ये भी कहते सुने जाते हैं " यार यू जस्ट बिहेव लाइक माई फ़ादर/मदर "हर बात पे टोकना नसीहत देना बस यही रह गया है मेरे और तुम्हारे बीच। जीने दो मुझे। किसी की मदद करना उनकी ज़रूरत बन जाता है अपने आप को अच्छा फ़ील कराने के लिए।

- या फिर जब हम खुल कर इजहार नहीं कर पाते अथवा ना नहीं कह पाते अपने भाव को अपने क्रोध को, तो फिर वो विकृत रूप ले लेता है। बड़े ही अटपटे हो जाते हैं आदान प्रदान।

हर उस बिहेव्यर के पीछे appreciation, acceptance मिलने की अपेक्षा की भावना तो रहती ही है। असल में हम अच्छे लगना चाहते हैं, पसंद आना चाहते हैं, आदर चाहते हैं, ये सारी चीज़ें हमें अगर रिश्ते में नहीं मिलती तो हम तो हम भिन्न -भिन्न तरह के रोल्ज़ प्ले करते हैं और रिश्तों को ड्रामा बना देते हैं और आशा करते हैं कि इसी तरह चाही हुई मनवांछित विश पूरी हो जाए, जो बात सीधी साफ़ और स्पष्ट कही जानी चाहिए उसे घुमा फिरा कर या फिर अलग ही भाव अपना कर या फिर ना कहना। बेचारगी दिखा कर दूसरे को गिल्ट फ़ील कराना और काम निकलवाना, या सहानुभूति ढूँडना। कुछ भी काम नहीं करता नज़र आता तो चल देते हैं रिश्ता छोड़ कर कि शायद तहाँ नहीं तो कहीं और तो ज़रूर मिल ही जाएगा।

जब रिश्तों में सामान्य आदान -प्रदान विकृत हो जाता है जब रिश्तों में प्रेम और understanding की जगह conflict/घर्षण सत्ता संघर्ष आ जाता है तो वो ड्रामा बन जाता है।

हमारा अहम और हमारा वहम

तभी हावी होते है जब कहीं पर अपने साथी के प्रति/परिवार/दूसरे व्यक्ति के प्रति अंडस्टैंडिंग या समझने में चूक होती है।

यानी कि सीधी उँगली से घी ना निकलने पर जैसे उँगली टेढ़ी करके घी निकाला जाता है इसी तरह से जो अपेक्षित व्यवहार या दुलार सीधे -सीधे नहीं मिलता तो नए नए हथकंडे व तरीक़े अपनाये जाते हैं पाने के लिए। कभी रुआंसे हो कर बेचारगी दिखा कर, या फिर रौब दिखा कर या फिर हर समय हम दूसरों की पैरवी ही करते रहते हैं।

इस का बहुत ही अच्छा विवरण दिया है ड्रामा ट्राइऐंगल में Stephen karpman ने और बताया है कि आप इन रोल्ज़ को कैसे बदल सकते हैं और ड्रामा ट्राइऐंगल को विनर ट्राइऐंगल में बदल सकते हैं। अपने आप को एम्पावर करना है आत्म छवि पर काम करना है, हीन भावना पर काम करना है .

अक्सर ये सब बिहेव्यर वूँडेड इनर चाइल्ड यानी अंदर का चोट खाया बच्चा जिसे बचपन से ही किसी कारनवश पेरेंट्स, परिवार के व्यवहार से या बाहर स्कूल इत्यादि के दौरान कोई इमोशनल घाव लगा है जिसके कारण उसका अपने ऊपर से लोगों के ऊपर से, प्रभु और जिंदगी के ऊपर से विश्वास ही उठ गया, या आत्म छवि ही बौनी सी हो गयी और अब ये सब उसके बिहेवियर और रिश्तों को इफ़ेक्ट कर रहा हैं।

अगर ध्यान से याद किया जाए या विचार किया जाए अपने बिहेवियर और रेस्पॉन्स पर या अपने या दूसरों के ऊपर लगाए लेबल्ज़ पर और उन्हें समझ कर। कि अगर तो वाक़ई ही ऐसी घटना घटी थी उस पर विश्लेषण कर उसे और उसके प्रायः को समझा जाए की यथार्थ है या कोरी कल्पना एवं अंदाज़ा है केवल विचार है मेरा। उसे स्पष्ट करना होगा कि जो हुआ जिसके कारण ये सब ड्रामा चल रहा है वो कैसे हील करना है उस से जुड़ी इमोशनल रिस्पांस पर काम किया जाए।

इसके बारे में और अधिक जानकारी के लिए बहुत सी ऐसी किताबें है जैसे के John Bradshaw की किताब Home Coming, Charles Whitfield की लिखी Healing the child within आदि जैसी।

लेट्स चेक (let's check)

सोचो ज़रा

अपनी एक नोटबुक लेकर शुरू कर दें यह चीज़ें लिखनी, जिसमें लिखा हो एक रिश्ता मीठा सा,

डेट डालें, दो लिस्ट बनाये,

- कि ऐसे 10 क्या कारण हैं जिन के कारण आप को लगता है you are a lovable person, आप को प्रेम किया जाना चाहिए, आप का एक मीठा सा रिश्ता होना चाहिए। 10 पॉइंट ऐसे लिख लीजिये जो आप को लगता है यह आप के पॉजिटिव पॉइंट है जो आप को प्रेम करने का कारण बन सकते हैं किसी के लिए भी। और

दूसरी लिस्ट बनाइये ऐसी,

- 10 ऐसे कारण जिनकी वजह से आप को लगता है आप को कोई पसंद नहीं करेगा, आप का रिश्ता कभी निभ ही नहीं सकेगा। ऐसी क्या चीज़ें हैं आप मैं?

यह दो लिस्ट हो गयी, एक तो आप में क्या अच्छा है जिसकी वजह से people should love you, लोग आपको पसंद करें

और दूसरी लिस्ट वह हो गयी people should not love you लोग मुझे नापसंद करेंगे I should also not love myself because क्यूँकि मुझ में यह नहीं है वो नहीं है वग़ैरह की लिस्ट

अगले पन्ने पर हम एक लिस्ट बनाएंगे

जिनके साथ मेरा रिश्ता जुड़ा है, ऐसे कौन कौन से व्यक्ति हैं,

माता पिता के साथ शुरू कर सकते हैं, पड़ोसी, भाई बहन, फ्रेंड्स, जॉब, colleagues, प्रेमी प्रेमिका पति या पत्नी, लिव इन, आसपास के लोग, हमारे साथ काम करने वाले या हम जिनके लिए काम करते हैं। जिन जिन के साथ आप का रिश्ता है उनकी एक लिस्ट बना लीजिये।

और फिर उसके सामने लिखिए कि

हर रिश्ता जो आप ने लिखा है उस की बेस क्या है। क्या मिल रहा है आपको हर रिश्ते में?

- Acceptance, प्रेम, appreciation, validation? किन शर्तों पर टिका है आपका हर रिश्ता अपनी तीनों लिस्टों में नोट कीजिये कौन सी ज़रूरत पूरा कर रहे हैं ये रिश्ते आपकी।

- और आप अकसर कौन सा रोल प्ले करते हैं जब रिश्तों में आदान प्रदान आपकी चाहत के अनुसार ना हो तो - विक्टिम, विलेन, या रेस्क्यू करने वाले का?

2

तलाश एक सम्पूर्ण रिश्ते की

हर रिश्ता पूर्णता की तलाश में ही शुरू होता है। आप तलाश करते हैं और जारी रखते हैं जब तक आप को लगता है जैसे मेरा अधूरा हिस्सा मुझे मिल गया है, जो नहीं था मेरे पास अब इस रिश्ते से मिल रहा है। जबकि ज़्यादा ज़रूरी है जब लगे आप अपनी संपूर्णता किसी और व्यक्ति की संपूर्णता से जोड़ रहें हैं तो एक मजबूत रिश्ते की नींव पड़ती है आप एक और एक मिल कर ग्यारह हो जाते हैं।

सेल्फ़ अनाल्सिस यानी आत्म-निरीक्षण ज़रूर करना चाहिए कि मेरे रिश्तों की नींव में कौन सी ज़रूरत या चाहत खड़ी है।

दोनो की ही महत्वपूर्ण भूमिका है रिश्तों में। ये किसी भी स्तर पर हो सकती है भौतिक, शारीरिक, भावनात्मक, सामाजिक, आध्यात्मिक

ज़रूरत या चाहत

पिछले चैप्टर के अंत में आपकी बनाई गयी तीनों लिस्टें बताएँगी आपको कि आप के रिश्ते ज़रूरत के रिश्ते हैं या चाहत के?

ज़रूरत होती है जब लगता है शायद ऐसा कुछ है जो मैं खुद नहीं जुटा पाऊँ कोई और ही पूरा करेगा मेरा ये अधूरापन। और कुछ ऐसी चीजें होनी ज़रूरी हैं जिन के बिना हो ना पाएगा सफल रिश्ता सम्भव।

ये तो होना ही चाहिए जैसे कि जितना ज़रूरी जैसे दाल में नमक उतनी ही ज़रूरी है हमारी वो लिस्ट अगर उसमें से अधिकतर चीजें पूरी नहीं करता है ये रिश्ता तो टिक ना पाएगा ज़्यादा देर, पर सवाल फिर से यही उठता है क्या हम अपनी वो लिस्ट जानते हैं कि हमारे लिए रिश्ते में सबसे ज़रूरी चीजें क्या है?

चाहत होती है किसी सम्बंध को जोड़ के रख लेने की जब दोनो ही रिश्ता बनाने वाले व्यक्ति एक दूसरे को अपना लेते हैं उनके अलग-अलग दृष्टिकोण व भिन्नता के बावजूद एक दूसरे से सम्बंध बनाना चाहते हैं। उनके साथ की अभिलाषा करते हैं

साथ ही चाहत हो सकती है कि हाँ इतना तो मिला पर थोड़ा और होता तो मज़ा आ जाता है जैसे कि डोसा खाते वक्त एक्स्ट्रा सॉस की चाहत - खा तो सकते हैं उसके बिना भी पर स्वाद ज़रा बढ़ जाता है और तसल्ली भी।

रिश्तों में ज़रूरत और चाहत दोनों रहती हैं

कुछ ऐसी ज़रूरतें होती हैं जिनके बिना रिश्ता सम्भव ही नहीं हो पाता अगर वो पूरी ना हो रही हो तो

- जैसे कि प्यार, ऐक्सेप्टन्स, आदर, रेस्पॉन्सिबिलिटी, ट्रस्ट, डेपेंडिबिलिटी
- एक ऐसा साथी जिस पर विश्वास किया जा सके, जो आदर का पात्र हो जो आदर करता हो, जिस पर ज़रूरत पड़ने पर निर्भर किया जा सके
- आदर आपकी पसंद-नापसंद का, आपकी भावनाओं का, आपके विचारों का,
- विश्वास कि धोखा नहीं देंगे, रिश्ते की पवित्रता को बनाए रखेंगे
- कुछ ऐसे जैसे कि सिमिलर लोंग टर्म गोल एक जैसे लक्ष्य ज़िंदगी के अहम मसलों को ले कर
- अधिकतर एक दूसरे को दिनभर की वार्तालाप में नेगेटिव की जगह पॉज़िटिव interaction हो एक दूसरे से बिना डरे या फिर बिना खुशामद के साफ़ बात कह पाना। बढ़ावा देना, आदि
- दोनो का एक जैसी जीवन शैली और पसंद घर चलाने, बचत करने के तरीक़े, बच्चों की तालीम से ले कर छुट्टियाँ कहाँ बिताई जाएँ आदि में विचार सहमति आवश्यक है।

चाहत हो सकती है

जैसे कि जो मिला उस में ज़्यादा की तलाश व अपेक्षा

- कोई ६ फ़ीट लम्बा तगड़ा handsome सा साथी
- कोई सपनों की गुड़िया सी कोमलाँगी राजकुमारी
- कोई हर समय तारीफ़ ही करता रहे आदि जैसे सपने वाली चाहतें जो कई बार reality को अपनी चकाचौंध से ढक देती हैं और उनकी तलाश में हम मौक़ा खो देते हैं एक सचमुच प्रेम करने वाले सुलझे हुए व्यक्ति को अपनाने का।
- चाहतों का तो कोई अंत नहीं और उनके साथ समझौता भी किया जा सकता है

पर ज़रूरत की चीजें एक ऐसा सीमेंट हैं जो हर रिश्ते को मज़बूत और गहरा सच्चा और निष्कपट और ईमानदार रखने वाली कड़ी है।

आपको पता होना चाहिए आपको रिश्ते में क्या ज़रूरी लगता है सभी स्तरों पर शारीरिक, भावनात्मक, मानसिक, आर्थिक, सामाजिक, आत्मिक। ऐसी क्या ज़रूरतें हैं जिन के साथ समझौता नहीं किया जा सकता ये तो चाहिए ही रिश्ते में इनके बिना हो ना पाएगा हमारा रिश्ता सम्भव।

क्या आप सही नींव बना रहे हैं रिश्ते की?

जैसे कि अगर आपकी ज़रूरत है की एक आर्थिक रूप से सुदृढ़ व्यक्ति तो आप अगर उसका रूप रंग और दिलफेंक मुस्कुराहट पर मोहित हो भी जाएँ तो ज़रूरी चीज़ यानी आर्थिक रूप से उसके द्वारा कोई एफ़र्ट ना करना बेपरवाही बरतना ज़्यादा दिन तक उसकी कोई भी अदा रिश्ता ज़िंदा ना रख पाएगी।

जैसे की टीना और मोहित

टीना और मोहित कॉलेज से ही अच्छे साथी बन गये थे टीना तो उसकी हर बात पर फ़िदा थी उसके बेफिक्र अन्दाज़ पर, उसके मुस्कुराते चेहरे पर उसके सुँदर दांत जी करता था वो बात करता रहे और वो यूँही घंटो उसको देखा करे।

कॉलेज के बाद tina ने पढ़ाई के लिए अप्लाई किया और साथ ही नौकरी भी कर ली, मोहित बरसों नौकरी बदलता रहा बस ग्रैजूएशन के सहारे, हर जगह ऑफ़िस का या ऑफ़िस वालों का नुक़्स निकाल कर छोड़ता चला गया।

शादी की बात उठती थी तो टीना ने घरवालों को कैसे भी कर के समझा दिया कि वो इतना काम लेती है कि पति की नौकरी चाहे छोटी मोटी हो तब भी कोई फ़र्क़ नहीं पड़ेगा, मोहित ने भी अचकाचा कर जब यही कहा कि अभी वो सेटल नहीं है तो उसने उसे भी यही कहा इट डज़ नॉट मैटर। हम दो ही तो हैं मेरी तनख़्वाह काफ़ी है।

दोनो ने ही तात्कालिक शारीरिक आकर्षण के कारण एक सम्बंध बनाया पर और बातें जैसे कि बच्चे होंगे, परिवार की और ज़रूरतों आदि पर ध्यान नहीं दिया।

शादी हुई कुछ साल यहीं गुजर गये प्यार के दरिया में गोते खाते हुए।

फिर धीरे धीरे मुद्दा बना पति का पैसा ना कमाना। क्यूँकि अब फ़ैमिली बढ़ानी थी वो माँ बनना चाहती थी पर उसके लिए १२/१४ घंटो की नौकरी ट्रैवल टूअर वग़ैरह के स्ट्रेस्स में वो सम्भव नहीं हो पा रहा था।

क्यूँकि नौकरी छोड़ने का सवाल ही पैदा नहीं होता था मोहित अभी इतना नहीं कमा रहा था कि घर चल सके

पहले पहले शौक़ में ली गयी ज़िम्मेवारी अब बोझ बन गयी थी और रिश्ते में बढ़ने लगी कड़वाहट। पहले तो कह दिया कि कोई बात नहीं अब बात थी कि वो भी कमाए ताकि टीना को मौक़ा मिले तो वो भी

डी स्ट्रेस्स यानी तनाव मुक्त हो कर फ़ैमिली आगे बढ़ाए।

बहुत ज़्यादा झगड़े होने लगे, ताने भी कसे जाने लगे। बहुत छोटा महसूस करने लगा था मोहित। आज उसकी handsome बॉडी और मुस्कुराहट की कोई बुक़्क़त नहीं लग रही थी।

दोनो ने ही घर से बाहर समय बिताना शुरू कर दिया और ढूढ़ने लगे नए सहारे जहां मिल सके उनके सपनों को साकार होने का मौक़ा।

तो चाहत थी जिसकी पूर्ति के लिए रिश्ता बना डाला था और साथी को भी कन्विन्स कर लिया था शादी के लिए। चाहत हैंडसम बॉडी और खूबसूरत स्माइल को हर वक्त देखा करे और फ़ील गुड करे कि आह कितने हैंडसम पति की पत्नी है वो!!

उसी चाहत में ज़रूरी चीज़ फ़ायनैन्शल स्टेबिलिटी जैसी ज़रूरी चीज़ को पीछे धकेल बैठी थी टीना। जो अब बिलकुल भी काम नहीं आ सका रिश्ते को बचाने में।

अंतर समझिए (नीड/)ज़रुरत और (डिज़ाइअर)/चाहत में

- सो कह सकते हैं चाहत एक luxury है जिसे के बिना भी गुजर हो सकता है यानी दिल चाहता है को थोड़ा वक्त दीजिए पहले समझिए कि क्या केवल इस पर टिका रह सकता है रिश्ता आपका?
- नीड़ यानी ज़रूरत एक necessity है जिसका होना अत्यंत आवश्यक है जैसे रोटी कपड़ा मकान ज़रूरत है और उनकी सजावट luxury है

यहाँ पर टीना ने चाहत की ओर ध्यान दिया और ज़रूरत पर समझौता कर लिया।

जब भी रिश्ता बनाएँ एक बार लम्बी भी सोचें कि जीवन साथ बिताने के लिए निहायत ही ज़रूरी क्या रहेगा आप दोनो के लिए क्यूँकि चाहत की चकाचौंध में कई बार ज़रूरी चीजों का किया सौदा घाटे का भी हो सकता है। फिर मिठास की तलाश में जो रिश्ता बना था कड़वा सा हो उठता है। तो पहले से ही सोच समझ कर यानी

दिल और दिमाग़ दोनो की सुने

समझें और निश्चय करें कि क्षणिक चाहत में कहीं एक लम्बा रिश्ता बना कर रखने वाली ज़रूरी चीजें तो नहीं छूट रहीं। सोच समझ कर थोड़ा समय लगा कर चयन किया जाए तो फिर रिश्तों में मिठास और जीवन में प्रेम बना रहता है। और उसके लिए ज़रूरी है कि हमें मालूम होना चाहिए कि प्रेम मय रिश्ता बनाने और जीवन साथ बिताने के निश्चय लेने के लिए हमारी ज़रूरी चीजों की लिस्ट में है क्या-क्या?

और ज़रूर ख़्याल रखें कि चाहत यानी कि जैसे डोसे के साथ एक्स्ट्रा सॉस की चाहत की लिस्ट क्या है

हमें स्पष्ट होना चाहिए कि हमारे लिए

- नीड यानी नोन-negotiable यानी कि कोई समझौता नहीं इस के बारे में
- चाहत यानी negotiable हाँ इसके बिना भी गुज़ारा हो सकता है लेकिन मिले तो सोने पे सुहागा!! पूरी तरह से न भी मिले तो भी चलाया जा सकता है।

सब साफ़ हो कि रिश्ता किस आधार पर बनाया गया है तो साथी से बार बार उलाहने और शिकवे और मन में रंज न होगा। बस केवल प्रेम भरा रिश्ता होगा जो उतरोत्तर गहराता जाएगा।

ज़रा सोचो

आपके रिश्तों को बनाने के लिए कि आपकी लिस्ट में क्या-क्या है

- नोन negotiable। कोई समझौता नहीं होगा इसके बारे में और
- negotiable यानी कि मिला तो बढ़िया ना मिले तो भी चलेगा

कभी कभी ये लिस्ट इस बात से भी प्रभावित होती है कि हमारा कल्चर, समाज, परिवार, दोस्त आदि, आर्थिक स्थिति, हमारी शिक्षा-दीक्षा कैसी रही जब हम बड़े होते हुए सारे संस्मरण सहेज रहे थे। बचपन से हमारी परवरिश किस तरह से की गयी थी हमारा माता पिता या अन्य लोगों से कैसा व्यवहार करते हैं उस ढर्रे पर हमारा भी प्रतिक्रिया पैटर्न बन जाता है एक अपेक्षा सी रहती है और एक सोच का तरीक़ा बन जाता है।

नज़रिया प्रेम और रिश्तों के प्रति।

आप को लगता है कि पापा जैसे कोई तारीफ़ ही करता रहे, आपके हर लाए हुए मेडल को सबको दिखाता फिरे। या माँ जैसे दुलार कर आपकी मनपसंद चीजें ही परोसता रहे, या फिर भाई-बहनों जैसे आप की हर काम में मदद करे। बात बात पर गले लगा ले या जादू वाली झप्पी दे दे।

या फिर अपने बाबूजी को माँ की कितनी मदद करते देखा है घर में,

और चाचा जी तो चाची को कितना घुमाने फिराने ले जाते हैं,

ताऊजी अपने बच्चों को हर जनम दिन पर कितने अच्छे तोहफ़े देते हैं आदि

अगर हमने बचपन से देखा है या मित्रों के परिवार को ऐसा करते देखा है, किताबों में पढ़ा है तो फिर उनमें से कुछ को हम अपना लेते हैं कि हाँ मेरे लिए भी अगर कोई कुछ ऐसा ही करे तो मुझे लगेगा वो मुझसे कितना प्यार करते हैं।

हम जज करते हैं किसी के व्यवहार से कि हमारा आदर हो रहा है या अनादर।

वो आपको प्यार करते हैं या नही?और अभिलाषा बनी ही रहती है।

आपका उनकी लाइफ़ में कोई स्थान है या नहीं?

जब वो कहते हैं मैं हूँ ना!! क्या सचमुच वो आपके लिए है? या फिर ख़ाली बोलने के लिए ही बोलते हैं

आप जो चाहते हैं उसके अलावा वो चाहे जो भी करते रहें प्रेम महसूस ही नही होता, ऐसा लगता ही नही कि किसी को आपका ख्याल है क्योंकि आप का मापदंड आपकी इजहारे इश्क़ कि ज़ुबान वो जानते ही नही।

आपको पसंद हैं प्यार भरी बातें और वो सोचते है चुप्पी भी तो एक भाषा है

आपको तारीफ चाहिए उन्हे ऐसा करने कि ज़रूरत ही महसूस नही होती और आप मन मसोस कर रह जाते हैं या फिर रिश्ते से बाहर जा कर तलाश करते हैं ये सब।

आप घर के अंदर व बाहर दोनो तरह की ज़िम्मेदारी उठाए हुए हैं और किसी को ख़्याल ही नहीं आता कि आपका हाथ बँटाए।

अभी भी स्वयं को ही सर्वोपरी समझे बैठे हैं। पहले मेरी फिर दूसरों की बारी आएगी

या फिर पहले दूसरे अपना तो मैं सोच भी नहीं सकता/सकती

रिश्ते में अलग-अलग तरह से कोशिश करते हैं जताने की अपनी ज़रूरत कि कैसे भी उनको समझ तो आए कि आप दोनो अब अकेले नहीं एक टीम हैं

आपकी प्रशंसा, आपकी मदद, आपसे अंतरंगता किस तरह से निभाई जाए ये दोनो टीम मेम्बर्ज़ को आपस में मालूम है।

हमारे अहम को ढेर सारी validation (मान्यता) चाहिए

ईगो स्टेट यानि अहंभाव, इसके के ऊपर बहुत अच्छी किताब है

Transactional analysis - by Eric Berne

"लेन-देन विश्लेषण - जिसमें उन्होने बताया है कि एक दूसरे से विचार आदान प्रदान या उनके साथ बात करते हुए उनके साथ काम करते हुए हमारे व्यवहार में कई तरह के अहम भाव आते हैं उन मे से तीन खास हैं

- अभिभावक का (पेरेंट)का (ताड़ने वाला)
- बच्चे का (चाइल्ड) का(प्यार-दुलार की अपेक्षा वाला)
- वयस्क (अडल्ट) का (समझदार)

Usually during the session or coaching, i see

हमारी सोच, हमारी भावनाओं और हमारे बर्ताव के पीछे इनका बहुत अहम रोल रहता है कि किसी भी समय जब हम व्यवहार करते हैं तो उस समय हम किस अहं भाव से प्रभावित हैं उसी तरह का व्यावहारिक लेन- देन हम करते है एक दूसरे के साथ -- समझो कि किसी से एक तरह का व्यवहार अपेक्षित है हमारे उस व्यवहार के कारण जो हम अपना रहे हैं

- चिंताग्रस्त हो कर डांट कर या, नसीहत दे कर,
- मचल कर या रूआँसे हो कर अथवा लापरवाह
- कभी एक सुलझे हुए वयस्क कि तरह

हम क्या चाहते हैं उनसे? जब एक विशेष प्रकार का आचरण अपनाते हैं रिश्तों में।

सच ही कहा है - उनके विचार पढ़ कर एक बात तो और दृढ़ता से समझ आती है कि अगर एक बार हमारा पैटर्न बन जाए व्यवहार का तो हम वही कंटिन्यू करते है क्यों कि

- या तो हमें उस से फायदा है या
- उसे बदलने में हमें बहुत अधिक तकलीफ महसूस होती है

ज़रूरी है भावनात्मक प्रतिक्रिया पर काम करना

यही कारण रहता है कि वो व्यवहार और आपसी व्यावहारिक लेन – देन का रूप ले लेता है जो उम्र भर चलता है अगर उसपर काम न किया जाए तो कई आपसी घर्षण भरे मौक़े ले आता है।

रिश्ता एक से हो या टूट जाने के बाद अनेक से वही मुद्दा और भावनात्मक प्रतिक्रिया बार-बार रिपीट होगा जब तक उस से निबट ना लिया जाए। उसका निवारण ना हो तो चाहे बार बार हम कोशिश करें कि शायद पार्टनर बदल कर, नौकरी बदल कर मेरी ज़िंदगी में फ़र्क़ पड़े, शायद अब तो खुशी मिले लेकिन अफसोस वो नही होता क्योंकि

बात ये है कि जिस खुशी को आप ढूँढ रहे हैं चीजें व रिश्ते बदल बदल कर वो ख़ुशी बदलाव तो अवश्य चाहती है - पर बदलाव आपके विचारों का, व्यवहार का, दृष्टिकोण का, धारणाओं का जिस पर काम करने की बजाय हम पार्ट्नर और जॉब बदलते रहते हैं जो कि बेअसर साबित होता है।

कई तरह की रिश्तों की पारस्परिक व्यवहार के कई अलग तरह के रूप होते हैं। अलग अलग ज़रूरत पर टिके होते है रिश्तों में पारस्परिक व्यवहार और व्यावहारिक लेन -देन की विभिन्नताएँ कई कारण लिए होती हैं।

हमारी आंतरिक सोच और ज़रूरत के अनुसार आमतौर पर आदान प्रदान होता है हमारे साथी के साथ

- उस से कुछ पाने के लिए या
- फिर उन्हें कुछ जताने के लिए

जैसा व्यवहार हमें मनमाना रिज़ल्ट देता था उसे ही अपना लेते है दूसरों के साथ व्यवहार करते समय। हम कुछ विशेष तरह का रवैया अपनाते हैं जो कि हमारे

व्यवहार व शब्दों की अभिव्यक्ति से झलकता है। सीखे हुए ये तरीक़े ये बचपन से ही हमारे साथ साथ चलते हैं वह हमारे जीवन के पैटर्न बन जाते हैं और अनकॉन्शियसली हम उसको प्रेजेंट रिश्ते में ले आते हैं।

- पेरेंट स्टेट/अविभावक का रोल अपनाना

जैसे बात बात पर टोकना, किसी ने कोई बात आपको सुनाई और आप ने लैक्चर नसीहत देनी शुरू कर दी!! ये हो गया बड़े बूढ़ों जैसे अभिभावकों जैसा व्यवहार, जिन्हें बहुत अधिक ताड़ना की आदत हो जाती है या अत्यधिक चिंता के कारण क्रोध उत्पन्न होता है, रोब दिखा के ज़िंदगी सुधारते हैं सबकी। आप चाहते हैं कि सब आप जैसे ही हो जाए जो आपकी परिभाषा है सफलता की ज़िंदगी जीने की सब उसी तरह से लाइफ़ स्टाइल बना लाइन तो ही सफल हो पाएँगे

धीरे धीरे आप अकेला महसूस करते हैं ज़्यादातर आपको लगता है लोग आपस में जो गुटबंदी कर रहें हैं उसमें आप शामिल ही नहीं किए जा रहे। आपको पता ही नहीं है, आपके ध्यान में भी नहीं आता है कि आपकी आदत व व्यवहार का तरीक़ा ही इस का कारण है, उनकी बात सुनते ही आप शुरू हो जाते हैं ज़िंदगी व स्थिति सुधार उपदेश सुनाने। फिर वो आप से कन्नी काटना शुरू हो जाते हैं इस में विचित्र क्या है?

- चाइल्ड स्टेट बच्चे के समान

दूसरी तरफ एक बेपरवाह, लापरवाही का व्यवहार या फिर बात-बात पर रूठ जाना,

जैसे कि बॉस ने कहा प्रेजेंटेशन थोड़ी और सुधारी जा सकती है तो इस बात को एक बच्चे की तरह मन दुखने वाली, मुझे कोई प्यार नहीं करता, समझ के उसके अनुसार व्यवहार करना या छुट्टी ले लेना या दफ्तर ही बदल लेना और बॉस या कॉलीग्स को बुरा- भला कहना।

वयस्क

- अडल्ट स्टेट

बहुत ही कम बार हम एक वयस्क व्यक्ति वाला व्यवहारिक लेन- देन करते हैं जहां वार्तालाप का मतलब वही समझा जाता है जो कहा जा रहा है, सोच समझ के बिना

बात का बतंगड बनाए बात का जवाब दिया जाता है, प्रॉब्लम को इक्कठे सुलझाया जाता है बिना उलाहना दिए

ज़रूरी है कि दोनों वयस्क मानसिकता को अपनाएँ। सुलझे हुए दिमाग से बात की जाए, नहीं तो जीवन मुश्किल हो जाएगा।

एक दूसरे के साथ जीना मज़ा नहीं सज़ा लगने लगेगा।

अभी हाल ही में एक नवविवाहित जोड़ा आया अभी शायद कुछ ही महीने हुए थे शादी को, 4 बार दुल्हन पिया का घर छोड़ बाबुल के घर जा चुकी थी। बहुत बड़े अफ़सरों के घर जा रही हूँ के ख़्याल से की गयी शादी में उसे परिवार का नोर्मल सी बात कहना भी खल रहा था।

बेटा थोड़ा जल्दी उठ ज़ाया करो ब्रेक्फ़स्ट भी कर लिया करो इतनी देर भूखे मत रहा करो, माँजी और दीदी के पास भी बैठ ज़ाया करो अच्छा लगता है, किचन में देख लिया करो खाना क्या बन रहा है ताकि सफ़ाई से और अच्छे से काम करे ख़ानसामा आदि पर ही लाड से पली बिटिया रानी बौरा उठी और आपा ही खो बैठी।

आप मेरी साइड नहीं लेते। क्षणिक क्रोध और दम्भ के कारण दूरदर्शिता तो धुँधला ही गयी सोचा ही नहीं - दुल्हन हूँ- मेरे ही पिया का और अब तो मेरा भी घर है, चार्ज तो लेना ही होगा आहिस्ता आहिस्ता, ये तो मन में आया ही नहीं, बस ज़रा सी बात को बैठ कर सोच समझ कर अपनाने व सुलझाने की बजाय झट भाई को फोन लगा के बुलाया जाता था और कभी नहीं वापिस आऊँगी कह कर चली जाती थी। पति से शिकायत होती थी सो अलग कि आप मेरी साइड नहीं लेते।

पति बेचारा झुंझला कर कहता था पता नहीं कैसे समझाऊँ या कब समझेगी? कभी बाहर घूमने ले जा कर प्यार से समझा कर, कभी डांट कर, कभी धमका कर सब तरह से कोशिश कर ली मैंने। इस को पता ही नहीं रेस्पेक्ट करनी है। अंत में लड़ाई कर के दोनों अपने अपने रास्ते चल दिये ये कह कर कि ही/शी नीड्स तो वर्क ऑन हिस/हर बेहविअर।

जब कि सच तो ये है कि दोनों को ही काम करना है अपने व्यवहार और रेसपोनस पर। यहाँ पर एक बच्ची और पिता का व्यवहार हावी हो रहा है वयस्क तो दोनों में से कोई भी नहीं दिखता।

एक डांट रहा है - रोब दिखाने वाले पेरेंट की तरह जिसने सीखा है कि पति मतलब घर का बड़ा जिस का आदर होना चाहिए, जिसकी बात सुनी जानी चाहिए चुपचाप बिना आगे से बहस किए हुए। ही नीड्ज़ to be obeyed जैसा कहा है वैसा करो,

दूसरा प्यार और अपरिसियशन(सराहना) और पॉज़िटिव स्ट्रोकस की इच्छा से बच्चे कि तरह रूआँसा हो रहा है और फ़ील कर रहा है कि ससुराल से तो अच्छा है मायके में ही रहा जाए जहां हर छोटी बड़ी बात पर तारीफ़ होती है, बढ़ावा दिया जाता है लाड़ दिखाया जाता है और हाँ जहां कभी भी डाँट कर बात नहीं की जाती।

दोनों ही अपने बचपन के देखे हुए व्यवहार को या मन में बचपन से बनी धारणाओं को अपने वयस्क जीवन में भी अपना रहें हैं और आशा कर रहे हैं कि उनका साथी उन्हें वो सब दे जिस से कि उन्हें लगे उनकी परवाह की जा रही है।

अपेक्षा एक दूसरे से हो ये भी ठीक है पर अपने हिस्से की ज़िम्मेवारी भी तो निभानी होगी ना? सिर्फ़ दूसरों को ही दोष देते रहने से नहीं चल सकेगा।

योगदान तो रहता है दोनो का।

रिश्तों की भागीदारी

रिश्तों की सुदृढ़ता चाहती है एक बराबर की भागीदारी

लेकिन बहुत कम रिश्तों में दिखाई देती है ये इक्केशन। जहां साथी सचमुच साथी होता है प्रतिद्वंद्वी नहीं। अगर होड़ लग जाएगी तो जीना मुश्किल हो जाएगा एक साथ रह ना पाएँगे। एक दूसरे को आदर व प्रेम दोनो ही ओर से देना ज़रूरी है। अगर आप उनका सहयोग लेते ही जा रहे हैं पर देने की कभी सोची भी नहीं तो उनके प्रती ज़्यादती हो रही है।

लेन-देन दोतरफ़ा होता है तभी भागीदारी कहलाता है। कई तरह से होती है ये भागीदारी इसीलिए कभी मीठे और कभी खट्टे से बन जाते हैं रिश्ते।

तलाश एक सम्पूर्ण रिश्ते की | 67

अब हम देखते हैं अलग -अलग तरह से निभाई जानेवाली भागीदारी वाले रिश्तों के रूप।

- कंप्लीमेंट्री यानी कि पूर्णता प्रदान करते रिलेशनशिप/रिश्ते

यानि एक दूसरे के पूरक हों जब दोनो साथी। थोड़ी लियाकत और गुण आपके पास है, थोड़ी चीज उनके पास है और अपना अपना गुण एक दूसरे को कोम्प्लेमेंट करते हैं, पूर्णता प्रदान करते हैं। कोई घर की व्यवस्था कोई आर्थिक व्यवस्था तो कोई मनोबल और कोई भावनात्मक परिपक्कता लिए हुए पूर्ण योग दान देता है और एक बढिया जीवन चलता जाता है

चलो अपनी-अपनी ताक़त को साथ में मिला कर तय करते हैं रास्ते ज़िंदगी के। एक और एक मिल कर ग्यारह हो जाते हैं, तालमेल बिठाते हैं। एक ये भी तरीका है, नज़रिया है ज़िंदगी जीने का हमसफर के साथ। दोनो अपनी अपनी strength यानी जिस चीज़ में उन्हें महारथ है को उपयोग करके आप योगदान करते हैं।

Duty को बाँट लेना चाहिए ताकि किसी को बोझ न लगे।

इस में में दोनो एक दूसरे की ताक़त हैं कमजोरी नहीं। स्वेच्छा से बनाया गया ये रिश्ता एक स्वस्थ रिश्ता कहला सकता है। वहीं दूसरी ओर यही योगदान जब ज़रूरत से ज़्यादा ही अपेक्षा के भाव से हो जाए तो एक दूसरा ही रूप ले लेती है हिस्सेदारी।

जब आप पूरी तरह से निर्भर हो जाते हैं या दूसरों को निर्भर कर लेते हैं अपने ऊपर जब एक दूसरे का सारा काम अपने ऊपर ले लेता है एक साथी। तब वोह हेल्थी रिश्ता नहीं रहता।

- निर्भरता

ज़रूरत से ज़्यादा हर चीज़ बुरी होती है। कभी-कभी हम दूसरे व्यक्ति पर इतना डिपेंडेंट हो जाते हैं कि भावनात्मक, और भौतिक रूप से अपना व्यक्तित्व बदल लेते है, सारा व्यवहार ही दूसरों की ज़रूरत पूरी करने पर लगा देते है। अपने आप को बिल्कुल बिछा ही देते रिश्ते को बचाकर रखने के लिए दूसरों को बिलकुल ही अपने

ऊपर निर्भर कर लेते हैं इतना ज़्यादा कि दूसरे सोच भी नहीं सकते उनके बिना जीना और वो सोच लेते हैं कि सदा ऐसा ही चलने वाला है।

कभी अगर गलती से उस व्यक्ति ने अपने निजी जीवन में कोई तब्दीली लायी या लानी चाही भी तो भूचाल ही आ जाता है जैसे कि कह दिया कि आज ज़रा थक गयी इस लिए आप खाना बना लो, बाहर से राशन ला दो, बचों को पढ़ा दो, बाबू जी को दवाई दे दो तो डिपेंडेंट यानी निर्भर व्यक्ति की चेहरे पर तनी भृकुटी देखते ही बनती है या बोल दिया कि मैं चाहती तो नौकरी कर सकती थी, या अपना बिज़नस खोल सकता था फिर सुनने को मिलता है मैंने कब कहा था अपने सपनों कि बली चढ़ा दो मेरे लिए।

एक बार फिर से निकम्मे होने की दर्द महसूस होती है फिर से बढ़ा दी जाती है पसंद आने कि मेहनत ताकि कोई उन्हे अप्रीशिएट/सराहना करे उनका भी कोई मोल समझे। वो पूरी तरह से अपने आप को अक्षम पाते हैं अपने लिए अपनी ज़िंदगी अकेले जीने के लिए।

हर बात के लिए पार्टनर का मुख निहारते हैं क्या इनको पसंद आ जाएगा? पूछ के बताएँगे इनको, वगैरह ही ज़िंदगी बन जाती है पूरी तरह से वो दूसरे व्यक्ति को अपने ऊपर निर्भर कर लेते है उनका हर काम करना जो कि वो खुद भी कर सकते हैं

- दे नीड टु बी नीडेड।

दूसरे का काम कर के उसको अपने ऊपर निर्भर कर लेते हैं कि मेरी ज़रूरत बनी रहेगी इनकी लाइफ में तो, मुझे छोड़ेंगे नहीं। हर समय हाज़िर रहते हैं। ऐसे लोगों में अक्सर डिप्रेशन देखा जा सकता है जब कोई घर का मेम्बर चला जाए या बच्चे कॉलेज या नौकरी के कारण घर से जाएँ यानी कि जो डिपेंडेंट थे इन पर जब वो इंडिपेंडेंट हो जाएँ तो इन्हें कुछ सूझता ही नहीं अब क्या करें बड़ा ही बेकार और निरर्थक लगने लगता है जीवन।

तो बेहतर है काम उतना ही किया जाए जिस को करने की ज़रूरत है, ज़रूरत से ज़्यादा ज़िम्मेदारी उठाना और वो भी किसी और के हिस्से की

तारीफ़ आदि की आशा से तो वो ग़लत हो जाएगा

मैंने देखा है क़ई परिवारों में स्कूल जाते बच्चों के बैग्ज़ रात को pack कर के यूनफ़ॉर्म सहेज के प्रेस कर के रखे जाते हैं और जब बच्चे नाश्ता करते हैं उनको जूते पहना कर के फ़ीते भी बाँधे जाते है चाहे वो अब बड़े हो गए हैं और ये काम स्वयं भी कर सकते हैं। कब होंगे ऐसे बच्चे स्वावलंबी और कब बनेगा उनका आचरण बराबर की भागीदारी?

या फिर कुछ उनको किचन में नहीं जाने देते पानी का गिलास तक जिन्होंने अपने हाथ से ले कर नहीं पिया आगे जा कर वो क्या responsibility सम्भाल पायेंगे? जिन्हें सारा काम किया कराया मिल जाता है उनसे अपेक्षा नहीं की जा सकती किसी की मदद करने की, उन्हें स्वावलंबी तो बनने ही नहीं दिया।

लेकिन ज़रूरत से ज़्यादा हर समय सेवा के लिए तत्पर रहनेवाले अक्सर अच्छा महसूस करते हैं कि सब उनपर निर्भर हैं बड़ा इम्पोर्टेंट फ़ील होता है वाह कितनी बुक़त है मेरी!! अहम भाव को तुष्टि प्राप्त होती है। पर वो बाक़ियों को बड़ा होने ही नहीं देते।

या फिर कुछ ऐसा गिल्ट/अपराध बोध के कारण भी करते हैं उन रिश्तों को हम कह सकते हैं

- ज़रूरत से ज़्यादा भरपाई करते रिश्ते

ऐसे रिश्ते होते है जो गिल्ट/अपराध बोध पर टिके होते है। आप को लगता है आप कुछ ऐसा कर रहे है जो की परिवार के लिए उपयुक्त नहीं है जैसे कि छोटे बच्चे को छोड़ कर नौकरी पर जाना, अत्यधिक व्यस्तता के कारण साथी के लिए अवेलबल यानी उपलब्ध ना हो पाना।

फिर रिश्ते कमी पूरी करते हैं करते हैं अपराध बोध के कारण, जैसे कि अगर जॉब की व्यस्तता के कारण घर परिवार, माता-पिता, पति, बच्चे या भाई -बहन या कोई भी रिश्ता निभा नहीं पाये तो उन्हे कोई गिफ्ट खरीद देते हैं, पैसे दे देते हैं, कभी कभी हॉलिडे के लिए महंगा सा होटेल बुक कर देते हैं, गहने दिला देते हैं वग़ैरह

या छुट्टी वाले दिन उपेक्षित बच्चों को दो दो मिनट के बाद में लाड़ लड़ा कर परेशान और स्फ़्फ़ोकेट कर देते है। हम ये भूल जाते है कि हमारी व्यस्तता के कारण अब

उन्होंने जीने का एक अलग तरीका अपना लिया है। हमारी शायद अब ज़रूरत ही नही, उनके नयी दुनिया में अब आप एक मेहमान हैं बस। अब उन्हें आपकी ज़रूरत नहीं है।

तो अगर रिश्तों का बैलेन्स बिगड़ता है तो कोई तो कारण रहता ही उनके पीछे।

बराबर की भागीदारी अगर नहीं हैं तो रिश्ता मज़बूत होने की बजाय सिरदर्द भी बन सकता है। हमें कोशिश करनी है कि पार्ट्नर की और स्थिति की ज़रूरत समझते हुए अपने -अपने हिस्से का योगदान दें।

मनुष्य प्रशंसा, प्रेम, सहानुभूति और सार्थकता तलाश करता हुआ ही रिश्ते बनाता है या कर्म करता है। और ये सब पाने के लिए बहुत से तरीक़े अपनाता है।

प्रेम व जीवन की सार्थकता को प्राप्त करने के लिए हम कौन सा व्यवहार अपनाते हैं ये तो बचपन से हो रही हमारी परवरिश ही तय कर देती है। सब से ज़्यादा असर तो हमारी परवरिश का होता है। हमारे बचपन से ही साथ साथ चलते हैं हमारी धारणाएँ व विचार।

बड़े होते होते जीवन का और व्यावहारिकता का एक तरीका बन जाता हैं और अनजाने में हम उसको प्रेज़ेन्ट रिश्ते में ले आते हैं, और अपेक्षा करते हैं दूसरा उसमे वो रोल निभाए हमारे साथ जिसकी हमें बचपन से आदत है। जहां हमें लगता था कि सचमुच हम प्यार किए जाने के लायक़ हैं। जैसे कि ज़्यादातर रिश्तों में अपने पार्टनर/पति में एक पिता जैसा लाड़ प्यार तलाशती दुल्हन, या फिर पत्नी में माँ के हाथों खाने का स्वाद और दुलार ढूँढता पति।

खास ख्याल रखना है कि हमारे रिश्तों की बीच में हमारे हानिकारक पुराने विचार और दृष्टिकोण तो नहीं आ रहे हैं? बहुत जरूरी है देखना कि जो विचार हमने बचपन से बनाए वो हमारे रिश्तों को किस तरह से प्रभावित कर रहें हैं।

हमारी धारणाएँ और दृष्टिकोण

अपनी देखी- सुनी धारणाओं पर विचार कीजिये। अगर पहले से ही अपने काफ़ी ग़लत या सही धारणाएँ बना रक्खी हैं दुनिया के बारे में, लोगों के बारे में ज़िंदगी के बारे में तो वो हर वक्त आपका व्यवहार एफ़्फ़ेट करेंगी ही करेंगी।

क्या वो आपके रिश्तों को जोड़ रही है? या तोड़ रही हैं? ऐसा तो नहीं कि चोट किसी ने दी और सजा किसी और को दे रहे हैं आप? अगर कहीं बड़े होते हुए कुछ ऐसे ज़ख़्म दे गयी ज़िन्दगी कि अभी भी असर और टीस बाक़ी है और डर है कि कोई फिर से न चोट पहुँचा दे। जो पुराने ज़ख्म है उनके ऊपर ज़रूर काम करें. ऐसे हादसे कई बार हमेशा के लिए असर कर जाते हैं जैसे कि

- बचपन में घर का बहुत ही ख़राब वातावरण,
- बहुत अधिक ताड़ना हुई हो
- निग्लेक्ट,
- मार पीट आदि,
- जैसे कि किसी का टूटता रिश्ता देखा हो
- किसी ने दिल तोड़ा हो,
- अपने ऊपर विश्वास ना होना,
- दूसरों पर विश्वास ना होना,

हमें उसके लिए एक पूरा ढांचा देखना होगा कि आप की परवरिश किस तरह से हुई है बचपन से अपने क्या देखा और सुना है

- अपने रिश्तों के बारे में सुना क्या है?
- पुरुषों या स्त्रियों के बारे में?
- प्रेम के बारे में सम्बन्धों के बारे में
- कामकाजी महिलाओं के बारे में
- बच्चों के बारे में?
- इकट्ठा रहने के बारे में?
- आप गुस्से की बात किस तरह से सुनते है, समझते, हैं
- आपकी प्रतिक्रिया का रूप क्या है?

- हम रिजेक्शन को किस तरह से डील करते हैं,?
- जब मुझे लगता है कि मुझे कोई भाव नहीं दे रहा, मेरी परवाह नहीं हो रही, तब मेरा व्यवहार कैसा होता है?
- मुझे चिल्ला कर या बिलकुल साईलेंट ट्रीटमंट के द्वारा जब रिजेक्शन फील होता है, मैं बिल्कुल अंतर्मुखी हो कर अपने आप में चली जाती हूं या पलट कर जवाब देती हूं?

ये सारी बातों का असर हमारे रिश्तों के interaction में झलकता है और कई बार उनके टूटने का कारण भी बन जाता है।

दूसरों से प्रेम की, प्रशंसा की, आदर की चाह हमें सम्बंध बनाने के लिए निमंत्रण देती है पर अगर हमारे विचार व धारणाएँ हैल्थी नहीं है तो वो सहायक होने के बजाए रुकावट हो जाते हैं रिश्तों को निभाने में।

प्यार होता है तो कई डर आ जाते है मन में

तरह तरह के विचार सताने लगते हैं

- आपके बारे में कोई गलत तो नही सोचता है?,
- असफल होने का डर होता है हर स्तर पर क्या मैं एक अच्छा पति/पत्नी/ प्रेमी आदि हूँ?

उसकी वजह से आपसी व्यावहारिकता पर काफी असर पड़ता है।

आप छोटी- छोटी बातों पर शक करते हैं या रुआंसे हो जाते हैं या बात बात पर बिफर उठते हैं। मन में एक आक्रोश सा बना रहता है जो नोर्मल बातचीत में भी रूखापन ले आता है, या फिर ज़रूरत से ज़्यादा झुकते चले जाते हैं हीन भाव से प्रभावित हो कर।

पूछ ही लीजिए

जब हम अपना ही एक मतलब निकाल लेते हैं दूसरों के व्यवहार का शब्दों का तो दोनो को दुःख पहुँचाते हैं उन्हें भी स्वयं को भी। जब तक आप एक दूसरे को

समझ नहीं लेते आपको नही लगता कि कोई आपसे प्रेम करता है आप उसकी हर बात का उल्टा ही मतलब निकालते हैं, इस से तो बेहतर है पूछ ही लो अटकलें मत लगाते रहिए वरना बेचैनी बढ़ सकती है और फिर रिश्ते की मिठास दरवाज़े से बाहर जाने में ज़्यादा वक्त नहीं लगाएगी -ढूँढते रह जाएँगे सारी उमर कि हुआ क्या?

जैसे में उसी नव विवाहित जोड़े कि ही बात कहूँगी -- अभी तो उन्होंने जाना भी नहीं एक दूसरे को एक दूसरे के परिवारों व उनकी नेचर को 2 महीने कि शादी के दौरान बस केवल देख कर ही अपना अंदाज़ा लगा ते रहे एक दूसरे के बिहेव्यर के बारे में।

एक दूसरे का किसी और से फोन पर बात करने का मतलब दोनों ने ये ही लिया मैं इसके लिए ना ज़रूरी हूँ। इक्कठे टीवी देखते हुए भी फोन में ही उलझा देखा है इसे, या पता नही किस किस को मिलते हैं लेट रात तक बात करते हैं? पूछा नहीं बस अंदाज़ा लगाया और फोन कॉल चेक करना शुरू -- लग गया शक का घुन रिश्ते में अंदर ही अंदर कमजोर होता रहा रिश्ता। क्यों कि मिसअंडरस्टैंडिंग क्लियर नहीं की तो एक के ऊपर एक जमती गयी परत गलतफहमियों की और शक से घिरे हुए दोनो ही ख़फ़ा हो बैठे एक दूसरे से।

बात कर लेना और ग़लतफ़हमी दूर कर लेना ही ठीक रहता है

अपने व्यक्तिगत विचारों पर जो हमने लोगों के बारे में या अपने बारे में बनाए है उन्हें देखना होगा कि उनकी जड़ क्या है। हम क्यों हर बार नोर्मल सी बात का भी बतंगड बना देते हैं? उन तोड़ी मरोड़ी विकृत धारणाओं पर काम करना होगा। उन्हें चैलेंज कीजिए अगर उसमें कोई fact नहीं बस केवल धारना है आपकी उसे त्यागना होगा नहीं तो बात बात में झलकेगा उनका असर। और फिर रिश्ता सम्भाल ना पाएगा ये आपसी तकरार व व्यवहार। क्यूँकि शक का कोई इलाज नहीं हैं। पर पूछे गए सवालों के जवाब तो होते हैं ना? तो इस से पहले कि रिश्ते को शक का कीड़ा खा जाए और ढेर सी दूरियाँ आ जाएँ दोनो के बीच, अगर मन में ज़रा भी संदेह है तो उसे बात चीत के द्वारा स्पष्ट कीजिए, शक को बीच में आने ही ना दीजिए फ़ासले को हवा ना दीजिए।

ज़रा सोचो

कुछ बातें नोट करनी है अपने बारे में

- किस भी बात का आप सोच कर जवाब देते है या पहले से ही जो धारणा बना रक्खी है उस के अनुसार प्रतिक्रिया व्यक्त करते हैं?
- आप देर तक बात को याद रखते हैं और मौका तलाश करते हैं ताना देने के लिए या नीचा दिखाने के लिए?
- क्या आप माफ कर पाते हैं?
- क्या आप बिना क्रोधित हुए बात समझते और समझाते हैं?
- पीठ मोड कर चल देते हैं? साथी का मूड आपकी ज़िम्मेवारी नहीं है सोचते हैं
- खड़े हो कर बहस करते हैं और जब तक जीत नही होती डटे रहते हैं?
- आपके लिए क्या जरूरी है जीत हर बहस में या रिश्ता? या यूँ कहूँ की अहम और वहम का कितना रोल है आपकी आपसी व्यहवारिक्ता में?
- सफल वार्तालाप के बारे में क्या ख्याल है?

  A. मेरी बात पहले सुनो की ही ज़िद है आपकी

  B. अपना पक्ष रखता पार्ट्नर आपको बहस करता दिखाई देता है

  C. मेरी ही बात मानी जाए नहीं तो तुम उस तरफ़ मैं इस तरफ़। जैसे की कहते हैं माई वे और द हाइवे।
- डिवोर्स और मैरिज के बारे में क्या ख्याल है? बस क्या दिखावे के लिए ही बनाए जाते हैं ये रिश्ते? क्या इतने हल्के फुलके हैं एहसासों के ये रिश्ते कि चले चले ना चले तो डिवॉर्स तो है ही ऐसा सोच रखा है?
- मेरा फॅमिली टाइम और प्रेम के बारे में क्या ख्याल है? फ़ैमिली फ़ालतू का स्वार्थी लोगों का झमेला है बस, सब आपका ही फ़ायदा उठाते हैं। या कि फ़ैमिली के इमोशनल, सोशल फ़ायनैन्शियल, रोल आदि को भी आप समझते हैं?

नॉन जजमेंटल बनाएं स्वयं को।

कभी भी किसी के बारे में पूरी तरह से पता नहीं होता है। हमें यह भी नहीं पता होता है कि वह जैसा व्यवहार करने हैं उसका कारण क्या है उस पर इल्ज़ाम लगाने से पहले सोचना चाहिए कैसे बात कर रहा है?क्यों कर रहा है क्यों? नहीं कर रहा है? हर बात पर मत टोकिए और ना ही उसे बढ़ाइए या कारण बनाएँ दुःख का। जान तो लीजिए वो ऐसा क्यूँ कर रहे हैं?हर व्यक्ति के बिहैवियर की पीछे की कहानी अगर हम समझ लें तो बात ही ख़त्म हो जाती है।

जैसे की माना कि आप उनके बिना जिंदा नहीं रह सकते आप। चार बार फोन नहीं करते दिन में या आपके बार बार फ़ोन करने पर भी जब जवाब नहीं आएगा या ऑफ़िस छूटते ही आपसे मिलने जब तक नहीं आएंगे तो आपको लगता है कि नहीं मेरी कोई ज़रूरत ही नहीं या फ़ोन नहीं उठा पाए तो लगता है मेरी कोई अहमियत ही नहीं। होती तो झट फ़ोन ना उठा लेते? आप पूरी तरह से अपने वजूद के लिए उन पर निर्भर हैं? आप मुंह फुला लेते हैं? ताने ही देते रहते हैं? शक करते हैं? पहले पूछ तो लें उनकी तरफ़ की बात भी सुन लें ज़रा, सब्र रखिए, अपने फ़ैक्ट क्लियर कीजिए फिर उसके अनुसार आगे बढ़िए।

दूसरी तरफ़ ऐसा व्यवहार करने वाले भी हैं की आप कहीं आपका फ़ोन कहीं। ज़रूरत ही नहीं समझते की अगर कहीं जा रहे हैं तो बता ही दिया जाए की भई पहुँच गए ठीक ठाक। या फिर अगर लेट हो रहे हैं तो बता ही दे उस भले मानस को जो बाट जोह रहा है आपकी की आप थोड़ा लेट हो गए कब तक पहुँचेंगे, खाना खा लिया या नहीं वग़ैरह। पर आप स्वयं तो यही अपेक्षा करेंगे न दूसरों से?

ये रिश्ता दोतरफ़ा होता है

रेस्पॉन्सिबिलिटी और भागीदारी एक की कम और एक की ज़्यादा नहीं हो सकती।

याद रखिए जैसा व्यवहार, रेस्पेक्ट प्रेम देंगे वैसा ही पाएँगे। पहल कीजिए देने की फिर कीजिए मंशा पाने की।

अवसर और चुनौतियाँ

समय समय पर लाइफ़ हमें टेस्ट करती है कुछ अवसर और चुनौतियों के रूप में। कभी परिस्थिति वश हमें एक्स्ट्रा भी करना पढ़ सकता है एफर्ट। या फिर बहस हो कर गर्मा गर्मी के बाद तोड़े रिश्ते को जोड़ने के भी अवसर आते हैं दिन भर, ग़लतफ़हमियों को मिटाने के अवसर, प्रेम और care दिखाने के अवसर आदि तो आते ही रहते हैं उनका उपयोग करें और हाँ पहल करने में कोई हर्ज नहीं है जो पेड़ फलों से लदे होते हैं वही तो झुकते हैं। यानी जिनके अंदर प्रेम आदर, ज़िम्मेवारी, समझदारी भरे हैं वही तो समझ पाएँगे दूसरे की व्यथा और बढ़ाएँगे हाथ उन्हें सँभालने को।

जब अवसर आते है तो हम उनका करते क्या है? अपना बेस्ट सेल्फ हमें रिश्तो के अंदर लेकर आना चाहिए जो बेस्ट नहीं है उस पर काम करना चाहिए प्रेम का कनेक्शन बनाना चाहिए। लाइफ बस एक अवसर है- उसका बनाते क्या है वह हमारे हाथ में है। हम उसको इग्नोर करते हैं या सीखते हैं कि कैसे ये रिश्ता बन जाए मीठा सा।

शब्द -सेतु

शायद जो तुम सुनना चाहते हो, शायद जो मैं कहना चाहती हूँ वो एक ही है,

लेकिन शब्द- सेतु जो जोड़ दे हम दोनों को वो है क्या इस धरती पर- धरातल पर?

या इस से भी आगे जाना होगा इस जीवन पथ को छोड़ कर, जहां एक हो रास्ता हम दोनों का जहां तुम खुश रहो जहां मैं चहकूँ"

रेणु ठाकुर

3

कम्यूनिकेशन/संवाद/वार्तालाप

एक बहुत बड़ा कारण कॉन्फ़्लिक्ट का कारण हो सकता है हमारा बात करने का तरीक़ा। या तो हम बात पूरी तरह से ना कर आधी-अधूरी सी करते हैं या फिर ग़लत तरीक़े से कर बैठते हैं। प्रॉब्लम हमारे संवाद में, हमारी वार्तालाप में हो सकती है। बहुत से कारण हो सकते हैं और वो कोई भी रूप ग्रहण कर सकती हैं। कई तरह की बातचीत हो सकती है

हम जानते हैं और कह भी देते हैं

- हम जानते हैं की परेशानी का कारण क्या है और सीधा कहने में कतराते नहीं। बात को मन में नहीं रखते साफ़ साफ़ बता देते हैं कि आपकी ये चीज़ हमें ग़लत लगी या बुरी लगी आदि, या पूछ लेते हैं कि लेट कैसे हुए आदि पर शब्दों का चुनाव सोच कर नहीं करते। हम मुह पर बोलेंगे बहुत गलत शब्दों में या कहने का तरीका बहुत ही मन को दुखाने वाला होगा - तो बात चाहे ठीक ही हो सुनने वाला अपमानित महसूस करता है और बस शुरू हो जाती है शब्दों की टेबल टेनिस। आपके ताने — उनके बहाने क्यूँकि अब वो अपना बचाव कर रहे हैं। तो भई किसी को इतना मजबूर ना करें की उन्हें झूठ की ओट लेनी पड़े। फिर आपको बुरा लगेगा सो अलग। और हाँ जिस समय जो बात हो रही है उसी तक सीमित रहिए ऐसा नहीं की केवल आज ही मौक़ा है अभी कह लो सब कुछ

- या आज की बात के साथ "तुम हमेशा ऐसा करते" हो", कह कर पीछे वाला सारा अनकहा चिट्ठा भी खोल लेते हैं, आज की बात बीच में ही अन सुलझी सी रह जाती है।

- या फिर बातों के बीच में कहीं ना कहीं तो तीर से चुभते शब्द बोल ही देते हैं

- तुम कभी नहीं सुनते हो आपकी माँ भी ऐसे ही करती है
- तुम्हें किसी ने कुछ नहीं सिखाया etc
- हम जानते हैं लेकिन कहते नहीं है
- जैसे की हम जानते हैं कोई नशा करता है ऑफिस लेट पहुंचता है पैसे उधार ले कर सट्टे में लगाता है आदि लेकिन हम कहते नहीं।
- इसके दो ही कारण हो सकते हैं
- या तो डर है कहने से वो भड़क उठते हैं रिश्ता टूट सकता है, छोड़ कर जा सकते हैं, पिटाई की नौबत आ सकती है।
- या आप उनका मन नहीं दुखाना चाहते, शायद वो कुछ गलत न कर बैठे करता है ऐसा है तो देखिये क्यूँ है ऐसा डर? वॉट विल मेक ईंट सेफ फॉर यू तो स्पीक अप कैसे आपको सेफ़ लगेगा बात करना।
- आप जान कर भी कुछ नहीं कहते
- की कौन माथा फोड़े, कौन बहस में पड़े, मुझे क्या पड़ी है आदि
- सोचिए ज़रा अगर यह गलत तरीका है बातचीत का आप दोनों के बीच में तो क्यूँ है?
- बात फिर से सेल्फ अनैलिसिस यानी आत्म निरीक्षण और सेल्फ वर्क पर आती है क्यूंकी हमारा व्यवहार और वार्तालाप हमेशा हमें suit करता है उसके कुछ फ़ायदे होते हैं इस लिए हम वैसे बात व व्यवहार करते हैं और फ़ायद होता है तो उसी पैटर्न को रिपीट करते हैं फ़ायदा यानी सेल्फ़िश मोटिव होता है हमारा स्वार्थ सिद्ध करता फ़ायदा।
- जानते भी नहीं कहते भी नहीं
- हम जानते नहीं हैं पूछते भी नहीं हैं लेकिन सोचते हैं कोई चमत्कार होगा और सब बदल जाएगा ठीक हो जाएगा। कुछ कहते नहीं, कुछ करते नहीं लेकिन हम परिणाम की आशा कर रहे होते हैं

प्लीज जानने की कोशिश करें जैसे की अगर मन में क्रोध या रंज है की

- वो इतनी देर से क्यूँ आते हैं?
- पैसे घर पर क्यूँ नहीं देते?
- रातों को उठ कर किस से फोन पर बात करते हैं?
- उनकी मेडिकल प्रोब्लम अगर कोई है तो पूछें।
- क्रोध कब और क्यूँ आता है ज़रा पता कीजिए
- आप से बुरी तरह क्यूँ बात करते हैं या बिलकुल चुप हो जाते है?
- आप के रिश्तेदारों के सामने क्यूँ नहीं आते?क्यूँ नहीं वो उनसे बात करते?क्या कोई गिला शिकवा है उनसे?

अगर आपको लगता है की कुछ ठीक नही है और आप उसका कारण नहीं जानते तो कृपया पूछिये और कुछ कीजिये उसे सुलझाने के लिए। अंदर ही अंदर सुलगते मत रहिए। या फिर बिना पूछे अपने ही मतलब निकलते रहेंगे।

लेबल मत लगाएँ

प्रॉब्लम आ सकती है कम्युनिकेशन के क्षेत्र में वार्तालाप के क्षेत्र में जब हम पूछते नहीं बस अनुमान लगते हैं हम मन ही मन में उस व्यक्ति के प्रति कुछ धारणाएं बनाने लग जाते हैं उस पर tag या लेबल लगा देते हैं

- इनको नहीं सुनना। इन्हें सुनना आता ही नहीं।
- सुनते कम हैं कहते ज़्यादा हैं
- नुक्स ज़्यादा निकालते हैं अच्छा तो कुछ दिखाई ही नहीं देता इन्हें।
- भाई चुप ही अच्छी काम की बात भी बताएँगे तो पलट कर दो खरी खोटी मिल जाएंगी सुनने को
- यह इनको तो परवाह ही नहीं है यह तो सुनते ही नहीं।

- इनको कहने का कोई फायदा ही नहीं है करनी तो अपने मन की ही है इन्होंने

- इनको तो 6 बार फोन करो तो एक बार उठाते हैं, बड़ा एहसान करते हैं हम पर।

- यह जवाब नहीं देते हैं कुछ भी बोलते रहो बस मुंह ताकते रहते हैं या फिर चल देते हैं घर से बाहर, या फिर दफ़्तर कोई काम याद आ जाता है जब भी कोई बात में मदद माँगो।

- इनको तो पता ही नहीं चलता लोगों के सामने खड़े खड़े मेरी बेइज्जती कर देते हैं।

- इसको तो पता ही नहीं घर कैसे चलाना है। इसके शौक़ पूरे हो जाएँ घर का राशन आए ना आए, बिल पे हो ना हो।

मन ही मन हम उनके एक्शंस को देखकर उनके बारे में एक भावना बना लेते हैं और जिस भावना से हम उनके बारे में सोचते हैं वहीं टैग उनके ऊपर लगा देते हैं और जितनी बार उनको देखते हैं उतनी बार उन labels के कारण हमारे अंदर वही इमोशंस आ जाते हैं और उस भाव के कारण हमारा व्यवहार उनके प्रति बिल्कुल labels द्वारा जगाए भाव से प्रभावित हो जाता है। और उन्हें इस बात की खबर ही नहीं है की आप इस तरह से क्यूँ वर्ताव कर रहे हैं।

आपका शक कहीं आपका सच ना हो जाए

आप बार बार जो बोलेंगे सोचेंगे अपने रिश्तों के बारे में अन्य व्यक्तियों के बारे में तो आपका अवचेतन मन (subconscious mind) उसको सच मान बैठेगा और उसे हजारों गुना ताकत दे देगा क्यूँकि हमारा अवचेतन मन जो की हमारी यादों की सटोरेज़ वाली अलमारी है, वो हमारे चेतन मन से कहीं ज़्यादा गुना ताकतवर है, जो सोचेंगे धीरे धीरे आप उसे ही सच मान बैठेंगे। जिस तरह से हम किसी को देख कर चित्र बनाते हैं और उनके प्रति जैसी भावना/इमोशन जागता है ये यादों का पुलिंदा उसे और हवा देता है। आपका दृष्टिकोण बदलता जाएगा, उनके प्रति अगर आप उनके बारे में बुरा या व्यर्थ अटकलों वाली सोच रखेंगे। भाव, व्यवहार

और उसके साथ साथ आपके रिश्तों का रूप भी बदल जाएगा जो शायद आपको भी पसंद नहीं आएगा।

संभलिए और नोट कीजिये अपना pattern।

बात ज़रूर कीजिये बात करने से रिश्ते टूटते नहीं और मजबूत हो जाते हैं।

गिले शिकवे अपनों से ही कहे जाते हैं जवाब लिए और दिये जाते हैं नहीं तो रिश्ता मुर्दा सा हो जाएगा।

जैसे किसी शायर ने कहा है

"की जब कोई गिला कोई शिकवा न रहा बाकी -- तो समझ लीजिये प्यार का सिलसिला भी न रहा बाकी"

कहिए लेकिन सोच समझ कर। सही वार्तालाप भी एक कला है इसे निखार ही लीजिए अच्छा रहेगा रिश्तों को संवारने में काम आता है।

वार्तालाप में तीन बहुत ज़रूरी चीज़ें

- एक्टिव listening अथवा सक्रिय श्रवण/ध्यान दे कर सुनना शब्द और बॉडी लैंग्विज
- Validation पुष्टि करना
- Empathy समवेदना

1. Active listening

दूसरे को लगे कि आप उसकी बात सुन रहे हैं अगर आप बीच बीच में हामी भरेंगे, या उसके शब्द दोहराएंगे उनकी ओर देखेंगे। बीच में टोकेंगे नहीं। सही सवाल करेंगे बात साफ़ करने के लिये।

जैसे अगर किसी ने कहा है कि "आज मैं बहुत परेशान थी!

"तो आप कह सकते हैं अथवा पूछ सकते हैं और अच्छा तो आज आप बहुत परेशान थे क्या हुआ? रिपीट करते हैं और पूछते हैं कारण तो उन्हे महसूस होता है आप पूरी तरह से उसके साथ जुड़े हैं आप उनकी परवाह करते हैं क्यूंकी आप उनकी बात सुन रहे हैं

2. वैलिडेट कर दें

मतलब कि जब उसने कहा कि "वह आज बहुत ही परेशान हो गई थी "। तो इतना काम अपने ऊपर मत लिया करो, ना कहना सीखो आदि की नसीहत देने की बजाए अगर आप कह दें की ओहो आज तो फिर आप बहुत थक गए होंगे तो उन्हे महसूस होता है आप पूरी तरह से उन के साथ जुड़े हैं और उनकी परेशानी समझ रहे हैं और सचमुच उनका कितना ख़्याल करते हैं।

3. सहानुभूति भी दिखा दे तो क्या ही बात है। जीवन के हर कदम हर पल आप उनके लिए उपस्थित हैं उनकी मदद करने के लिए, आप उनका दृष्टिकोण समझ रहे हैं उनकी परेशानी समझ रहे है, आपको उनकी पीड़ा का ज्ञान है empathy सहानुभूति है जैसे कि ऊपर वाले सेंटेन्स को हम अगर इस तरह से कहें "अच्छा आज आप काफी व्यस्त थी, आज आप बहुत थक गई है पीठ दबा दूं? आप गर्म पानी में पैर डालोगी या डालोगे?क्या एक गरमा गरम चाय का कप बनाता हूं और तुम्हारे लिए हॉट वॉटर बॉटल भी ले आता हूं तो व्यक्ति को लगता है सचमुच ही बात सुनी गई है।

और जब उन्हें लगता है की आप उनकी भावना को समझ रहे हैं आप उनकी परवाह करते हैं " एक गुनगुनी सी खुशी का एहसास होता है। रिश्ता और गहरा जाता है, बरसों तक ज़िंदा रह सकता है इस तरह संवेदना सहानुभूति व पुष्टि से सींचा गया रिश्ता।

कुछ कही कुछ अनकही

पूरी तरह से उपस्थित हो कर उनकी कही बात को सुने। ये नहीं की सुन रहा/ही हूँ कह कर अपना ध्यान या तो फ़ोन, tv स्क्रीन अथवा चूल्हे पर चढ़ी खीर पर ही रखें। ऐसा मत कीजिए सुन रहे हैं तो पूरी तरह से सुनिए। कुछ कही अनकही बात जब हम कहते हैं और दूसरा सुन लेता है तो वह रिश्ता मजबूत होना शुरू हो जाता है।

तो आदत डालिए कि जब कोई आप से बात करें उनसे रूबरु हो कर उसकी आंखों में आंखें डाल कर पूरी तरह से उपस्थित हो कर उसकी बात को सुनें। और हाँ जिस समय व्यक्ति आपको बात सुना रहा होता है सिर्फ़ सुन लीजिए पहले चाहे अंदर से आप का मन कितना भी कसमसा रहा हो की कोई सीख या नसीहत दे ही दूँ।

उसको कोई सुनने वाला चाहिए उस समय, उपदेश सुनाने वाला नहीं, पूरी बात सुनिए, बात की गहरायी में जाइए समझें कि बात किस लिए बताई जा रही है किस अपेक्षा से व्यक्ति आपसे बात कह रहा है।

कम्यूनिकेशन ठीक से होने का पहला कदम ही सुनने से शुरू होता है। सुनिए शब्दों को और बिना शब्दों की भाषा को - क्या कह रहा है साथी आपका। शब्दों की ज़रूरत ही ना रहे ऐसे एक दूसरे को जान लेना है बिन बोले ही सब कुछ जान लेना उन्हें देख कर जैसे की

होंठ मौन होंगे ये स्वर मौन होगा चलो शब्दों को मूँद के नैनों से बात कहें "

किसी पत्रिका में पढ़ी पंक्तियाँ

इस से तो ना ही बताती

एक नव विवाहिता ने बताया, उसे ससुराल में जब पहली बार माहवारी हुई बहुत परेशान थी पूरी रात जागती रही किसी को जगाया नहीं मदद के लिए कि दर्द की दवा ही माँग ले, न्यू न्यू शादी हो कर आई थी सकुचा गयी किसी को जगाया नही।

सुबह उसके पति ने पूछा कि क्या हो गया ऐसे क्यूँ बैठी हो तो उसने बताया पूरी रात नहीं सोयी आइ वास फ़ीलिंग सो हेल्प्लेस एंड लोन्ली मुझे पिरीयड्ज़ के कारण दर्द हो रहा था तो पति डॉक्टर था उसने कहा इसमें कौन सी बड़ी बात है हजारों महिलाओं को माहवारी आती है। और हाँ दवाई क्यूँ नहीं ली? आपको पता तो है कि मेडिसिन कहां पड़ी थी या कोई पेन किलर खा लेते आप, कोई बड़ी बात नहीं है इतना उदास होने की और परेशान होने की तो कोई वजह नहीं दिखती।

किसी को परवाह ही नहीं

सुन कर बड़ा अजीब सा लगा सोचा इस से तो ना ही बताती। जबकि वह नवविवाहिता सोच रही थी कि जैसे ही मैं कहूंगी कि मुझे दर्द था पूरी रात में सो

नहीं रही सकी तो उसको कोई सहानुभूति दिखाएगा, कोई चाय का कप ले आएगा उसके सर पर हाथ रखेगा, उसका हाल पूछेगा, उसके पास बैठेगा, हाथ पकड़ेगा, ऐसा कुछ भी नहीं हुआ। उल्टा अपने आप दवा ढूँढ कर खाने की और नोर्मल सी बात को तूल ना देने की नसीहत अलग मिल गयी।

बड़ा अटपटा सा लगा पति का व्यवहार, और फ़ील हुआ कि उनकी किसी को परवाह ही नहीं अगर होती तो दो बातें और पूछते। पति देव तो कह कर स्नान को चल दिए चाय बनाने की हिदायत दे कर और पत्नी खिन्नता से उन्हें बस जाता हुआ देखती रही।

बस कहना नहीं आया

ऐसा नहीं की उन्हें अपनी ब्याहता का फ़िक्र या परवाह नहीं थी, उनसे प्रेम में कोई कमी थी। उनको परवाह थी अपनी पत्नी की लेकिन उन्हे ख्याल भी नहीं आया की उनकी पत्नी को इस समय प्रेम से स्पर्श की आवश्यकता है, दो प्यार भरे बोल सुनने को बेक़रार हैं, सहानुभूति का, हमदर्दी का एहसास जताया जाना चाहिए।

पढ़ी-लिखी, नारी स्वतंत्रता की बात करने वाली बीवी को भी किसी से कोई अपेक्षा हो सकती है ये उनकी धारणाओं के विपरीत था जो उन्होंने बना रखी थी इंडिपेंडेंट नारियों के बारे में। और क्योंकि एक तो ठहरे डॉक्टर ऊपर से भावनात्मक रूप से बिलकुल निष्चेष्ट लेफ़्ट ब्रेन - लॉजिकल/तार्किक थे उनको लगा कि यह तो सब को होता है उनकी मदर, भाभी आदि ने तो कभी इस के बारे में चर्चा भी नहीं की, खुद ही निपट लेती हैं।

बिलकुल ही संवेदनशीलता नहीं दिखा पाए और उसी क्षण अपनी सोच व धारणाओ के कारण अपने रिश्ते की पहली क़िश्त overdraw कर बैठे लव बैंक से।

ईंट हैपेंज़/होता है का रवैया अपना कर पत्नी की नज़रों में बेरुखे हैं का टाइटल मिला सो अलग। जो रिश्ता प्रगाढ हो सकता था ज़रा सा पास बैठ कर संवेदना दिखा कर अब एक और मौके का इंतज़ार करने लगा जिससे पार्टनर को लगे हाँ उसकी कोई परवाह करता है, वो अपने पति को प्यारी है।

गलत कोई भी नहीं था अपेक्षा करने वाला भी नहीं, अनजाने में अपनी nature के कारण अपेक्षा पूरी न करने वाला भी नहीं। दोनों का प्यार और रिश्तों के प्रति

दृष्टिकोण अलग-अलग है, दोनो अलग नज़रिया रखते हैं इसी लिए उनका समझने और समझाने का तरीका अलग-अलग हो सकता है। सब व्यक्ति एक ही तरह के नहीं होते।

सक्रिय ध्यान दे कर सुनना, पुष्टि करना ओहो दर्द हो गया? बताया क्यूँ नहीं?कैसे रात काटी होगी तुमने दर्द में? आदि, संवेदना दिखाना कुछ भी तो नहीं कम्यूनिकेट किया उन्होंने। बात करते वक्त बस एक औपचारिकता सी निभा दी ऐसा प्रतीत हुआ उसे जो आस लगाए बैठी थी पति से स्नेह की।

अलग अलग अन्दाज़ care/परवाह दिखाने के

अपने व्यवहार से हम जताते है की हमें कितनी परवाह है। इसी व्यवहार में शब्द और ऐक्शन दोनो आते हैं, भावनाओं को व्यक्त करना और समझना भी इसी का हिस्सा है।

प्रॉब्लम तब आती है क्यूँकि हर कोई एक ही तरह से भावनाओं को व्यक्त नहीं करता।

अलग-अलग तरीक़े हैं सबके क्यूँकि उनकी नेचर अलग है।

अलग अलग व्यक्तियों की सोच के अनुसार उनका भाव व आचरण रहता है जैसे की

इमोशंस/भावनाओं पर पूरी तरह से कंट्रोल

कुछ व्यक्ति कोई भी भाव चेहरे पर आने ही नहीं देते ना ही इन्हें जताते हैं। जैसे की अक्सर यही पाठ रटाया जाता है मर्द को दर्द नहीं होता। इमोशन दिखाना कमजोरी की निशानी है। ज़्यादा मत लल्लो चप्पों किया करो। मतलब की बात किया करो।

ऐसी ही बातें सुनते हुए बड़े हुए हों शायद, बस वैसा ही खुश्क सा हो जाता है उनका व्यवहार और वर्ताव। वैसे तो इनको भी इमोशन आते है पर चेहरे पर ज़ाहिर नहीं करते मानसिक रूप से बहुत ही सॉलिड व्यक्ति होते हैं पूरी तरह से तार्किक बुद्धि वाले ये लोग उनकी सोच जो है वह बिल्कुल अलग तरह की होती है। ऐसा नहीं है कि वह ख्याल नहीं करते हैं, आपकी परवाह नहीं करते हैं, करते हैं पर उनकी भावनाएँ बहुत कंट्रोल में रहती हैं। अंदर चाहे मन में कोई भी भावना हो उसका

वह इजहार भी नहीं करते तो इसलिए दूसरा व्यक्ति समझ लेता है कि शायद उन्हें उनकी परवाह नहीं है। ऐसी बात नहीं है परवाह है, हाँ व्यक्त नहीं करते हैं जिस तरह से आप चाहते हैं। उनका तरीक़ा बिल्कुल अलग और बहुत प्रैक्टिकल क़िस्म का होता है।

उनकी priorities बिल्कुल डिफरेंट होती है जिंदगी को लेकर उनके लिए। उनका ज़्यादातर ध्यान एक प्रोवाइडर अथवा प्रदाता का ही रहता है। उनको वर्ल्ड की बेस्ट चीजें जुटाने का ही मतलब care व प्रेम दिखाना लगता है। इसके लिए वो अथक प्रयास भी करते हैं, ज़्यादातर उनकी इसी फ़ोकस के कारण परिवार वालों को उनसे शिकायत रहती है की उनसे ज़्यादा उन्हें अपनी फ़ाइल व काम से प्यार है और एसा होता भी है क्यूँकि इनके लिए

- नंबर एक कैरियर रहता है उनका रोजगार रहता है।
- दूसरे नंबर पर उनकी रुचियां उनकी हॉबी रहती है
- तीसरे नंबर पर उनका परिवार आदि आता है
- चौथे नंबर पर प्रेमिका अथवा मित्र रहते हैं
- वह जितनी उपलब्धियां हासिल करते हैं जिंदगी में, उतना ही अपने आप को एक सफल व्यक्ति मान लेते हैं और अपेक्षा करते हैं कि तारीफ हो।

वो अपने career की सफलता को और काम को ही आधार मान लेते हैं कि मैं बहुत ख्याल रख रहा हूँ अपने काम का, परिवार का। उनको लगता है सब काम तो कर दिए सारी रेस्पॉन्सिबिलिटी पूरी कर रहा हूँ फिर कैसी शिकायत?

मैं सारे बिल ठीक समय देता हूँ। इन्शुरेंस करवा दिया है, घर में बढ़िया सा फ़र्निचर है एक से बढ कर एक उम्दा सामान है। promotions हो रही हैं। अलग अलग जगह से पूरे बिज़नस वर्ल्ड में तरह तरह के टाइटल मिल रहें, exotic हॉलिडेज़ में जाते हैं अखबारों की सुर्खियों में रहते हैं हम दोनों as a happening couple। और क्या चाहिए? ये सब तो परिवार के लिए और तुम्हारे लिए ही तो कर रहा हूँ। यही सब सोच कर, उपलब्धियों को गिन कर प्रसन्न व संतुष्ट रहते हैं।

अगर उनसे साथी ने कहा कि आपको मेरी ज़रा भी परवाह नहीं है तो वो हैरान हो कर सब गिनवा देंगे और मन में सोचेंगे की इतना सब तो जुटा दिया अब क्या बोल कर भी बताना पड़ेगा? जी हाँ

बताना पड़ेगा, दिखाना पड़ेगा और जताना भी पड़ेगा

अगर ये आप के साथी की ज़रूरत है कि आप उसकी भावनात्मक ज़रूरत भी पूरी

करें, बोल कर, बात कर के जताएँ तो ज़रूर यतन करना होगा। परिवार का ख़्याल व उनका पोषण केवल भौतिक व सामाजिक रूप से करने पर एक कमी सी लगती रहेगी फिर चाहे आप कितनी भी उम्दा क्वालिटी का सामान व सहूलियत जुटाते रहें उनके लिए उन्हें एक ख़ालीपन कुछ और की चाह तो रहेगी ही।

जैसे एक सज्जन थे उनका कहना याद आ गया बहुत ही अव्वल दर्जे की होम मेकर थीं उनकी पत्नी समय पर तीनों वक्त गर्मा गर्म फ़्रेश खाना, ११ बजे फ़्रूट, ४ बजे शाम को सौफ इलाईची वाली चाय नाश्ते के साथ, रात को दूध। और सुबह के लिए बादाम भिगोना भी शायद ही कभी भूली होंगी। मतलब की पूरा टाइम तबले सारे घर गृह गृहस्थी को सम्भालने का, कहीं भी कोई भी त्रुटि नहीं थी पर ध्यान सारा इसी पर केंद्रित हो कर रह गया था।

बड़ी हैरानी हुई सुन कर उन सज्जन के शब्द उस दिन। एक दिन शाम को जब उनसे उनकी बहू ने कहा की प्लीज़ आप PGI (हॉस्पिटल)दिखा कर आएँ, निग्लेक्ट ना करें बैक एक चेक करवा लो एक दम बढ़िया हो जाएगी। उन्होंने अपनी पत्नी ओर देख कर मुस्कुराते हुए इशारा किया और कहा मेरी PGI तो यही है अगर ये दो मिनट मेरे पास बैठ भी ज़ाया करे, दो बातें कर ले ज़रा मेरा हाथ ही छू लें तो मेरा दर्द और तकलीफ़ तो वैसे ही दूर हो जाएगी ये मेरे पास बैठती ही नहीं इसे मेरा ख़्याल ही नहीं। सुन कर उनकी पत्नी का क्रोध सातवें आसमान को पार कर गया, पूरी २४ घंटे की लिस्ट सुना दी और गिनवा दिए सारे काम जो वो सम्भाल रहीं थी joint फ़ैमिली को चलाने में।

इस से पता चलता है कि ऐसे व्यक्तियों को ये समझ लेना है की बेशक आप सारी भौतिक ज़रूरतें पूरी करते रहें लेकिन आपको उनकी भावनात्मक ज़रूरत को भी उतना ही महत्व देना होगा तभी उन्हें सम्पूर्णता का अनुभव होगा रिश्ते में

दूसरी ओर हैं भावना-प्रधान वह व्यक्ति

इन्हें हम राइट ब्रेंड (right brained) यानी इमोशनल व्यक्ति भी कह सकते हैं। दिल की सुनो इनका मानना है, भावुक और मिलनसार होते हैं। इनके लिए

- आपसी संबंध नंबर एक पर आते हैं
- नंबर दो पर आते हैं उनके बच्चे, उनके परिवार
- नंबर 3 पर उनके मित्र आते हैं उनके शौक आते हैं उनकी हॉबी आती हैं।

पर इन लोगों की ज़रूरत से ज़्यादा किसी के साथ सहानुभूति दिखाना, अपना काम अपना ख़्याल छोड़ कर दूसरों के ही काम संवारते रहना, अंतरंगता बढ़ाना कभी कभी परिवार के साथ उलझने का भी कारण बन जाता है। बेशक ये कहते हैं मैं तो इंसानियत के नाते मदद कर रहा/रही था/थी, मेरे मन में ऐसा कोई विचार नहीं है साथी को विश्वास नहीं होता ये रिश्तों में तनाव ला सकता है। तो बेहतर है की सीमाओं का अतिक्रमण ना ही हो, हद्द में रह कर ही किसी और के काम किए जाएँ।

- नंबर चार पर उनके लिए कैरियर आता है
- उनके लिए बहुत जरूरी होता है लोगों को पसंद आना
- अगर कोई उन्हें यह नहीं बताएगा बार-बार कि मैं आपसे प्यार करता हूं, आपके बिना मैं उदास हो जाता हूं तो वह समझते हैं कि उनका किसी की जिंदगी में कोई मायना ही नहीं। उन्हे बार-बार यकीन दिलाना पड़ता है।
- अपने परिवार के लिए संबंधों के लिए भावनात्मक व भौतिक दोनो रूप से जुड़े रहते हैं। ज़्यादा से ज़्यादा समय वो अपने प्यारे परिवार को देना चाहते है, सहानुभूति, समवेदना, प्रशंसा प्रगट करना आदि उनके लिए कोई मुश्किल चीज़ नहीं, infact उनका हर ऐक्ट इसी भाव से प्रेरित होता है की उनकी भी कोई प्रशंसा करे।

- ऐसे व्यक्तियों को खुद भी physical intimacy शारीरिक अंतरंगता की बहुत ज़रूरत होती है। वो चाहते है की आप 24 घंटे या तो उनके पास बैठें हाथों को थाम कर,

- या फोन करें, उनके लिए समय निकालें उनकी तारीफ़ करें।

किसी के काम आना और प्रशंसा का पात्र बनना उन्हें बहुत अच्छा फ़ील कराता है, उनको अगर शब्दों से और ऐक्शन से ना जताया जाए तो उदासी घेर लेती है रुआंसे और हताश हो जाते हैं।

घर में नहीं मिलेगा ये सब तो बाहर भी तलाश करते हैं।

तो दोनो प्रकार के व्यक्ति होते है कोई बता कर कोई बिना बताए care तो करते हैं

कम्यूनिकेशन ठीक से ना हो तो कॉन्फ़्लिक्ट हो सकता है। कम्यूनिकेट करने के लिए शब्द या ऐक्शंज़ या फिर हाव भाव कुछ भी काम में लाए जा सकते हैं। और हर व्यक्ति अपनी तरह से ही इनका अर्थ निकालता है

जैसे Dr Gary Chapman ने अपनी पुस्तक 5 love languages में ठीक ही लिखा है की हर व्यक्ति की प्रेम की भाषा यानी अभिव्यक्ति और ज़रूरत अलग अलग होती है।

प्रेम दिखाने की या फिर प्रेम फ़ील करने की अलग अलग धारणाएँ व तरीक़े होते हैं, क्योंकि हमारी पसंद और ज़रूरत अलग अलग है। हमारी लिस्ट में हम इंपॉर्टेंस अलग-अलग चीजों को देते हैं।

अगर आप एक दूसरे की प्रेम भाषा नहीं जानते तो देर मत कीजिए, बस जल्दी से अपनी कहें और उनकी सुनें और जानें क्या पसंद है आपकी? क्या है आपकी प्रेम भाषा

- जैसे की किसी को प्रशंसा व धन्यवाद या फिर माफ़ी माँग लेने से अच्छा फ़ील होता है

- किसी को लगता है उनको सानिध्य मिले अपने प्यारे का

- किसी की ज़रूरत है की काम में हाथ बटाया जाए
- किसी को लगता है उन्हें ढेर सारे गिफ़्ट मिलें उनपर कोई अपना सब क़ुर्बान कर दे
- हर व्यक्ति की नेचर के अनुसार उनकी ज़रूरत होती है प्यार व रोमांस को फ़ील करने की महसूस करने की

और जो काम हम ज़रूरी समझते हैं उस का इस्तेमाल न किया जाए आदान-प्रदान में या वार्तालाप अथवा व्यवहार में तो अधूरा सा रहता है वार्तालाप अथवा व्यवहार।

कोई व्यक्ति कितनी भी कोशिश कर ले हमें लगता ही नहीं की उन्हें परवाह है, क्यूँकि जैसा हमें चाहिए जो हमने सोच रखा है अपने दिमाग़ में, हमारे जो मापदंड हैं, जो हमारी शर्तें हैं वो पूरी नहीं हो रहीं दिखती।

गिफ़्ट की मेरी और उनकी परिभाषा सेम नहीं थी।

मैं अपनी ही बात बताती हूँ मुझे फूल बहुत पसंद हैं, मेरे जनम दिन में अब तो पति देव पौधों के गमले ज़रूर ले ही आते हैं (फूल तोड़ने में मुझे हिचकिचाहट होती है -इसी लिए गमले वाले फूल लाते हैं) पहली बार जब मैंने उनसे कहा की आप ने मुझे बर्थ्डे गिफ़्ट नहीं दिया तो उन्होंने फ़्रिज की ओर इशारा कर के कहा अरे इतना बडा गिफ़्ट दिया तो है,

मैंने बच्चों की तरह मचल कर कहा पर ये तो घर में काम आने वाली चीज़ हैं ना? मेरे लिए स्पेशल है आपके हाथों से दिया गया एक १० रुपए का गुलाब का फूल।

तो देखिए गिफ़्ट की मेरी और उनकी परिभाषा भी सेम नहीं थी। उन्होंने सोचा इसका जनम दिन आ रहा है चलो एक अच्छा सा फ़्रिज ख़रीद लाते हैं, इसी ने तो इस्तेमाल करना है ज़्यादातर रसोई में। इसको सुविधा हो जाएगी नहीं तो तीनों टाइम फ़्रेश खाना आटा वग़ैरह का प्रबंध करने के कारण अपने लिए वक्त भी नहीं निकाल पाती।

यह सब महाशय ने दिमाग़ में अंदर ही अंदर वार्तालाप के द्वारा लॉजिकल कैल्क्युलेशन कर ली और उसका निचोड़ यानी की मेरे फ़ायदे वाला तोहफ़ा ला

कर रख दिया और मुझे लगता है शायद प्रशंसा की अपेक्षा भी की होगी मन ही मन। और जब मैंने गुलाब की बात की तो उन्हें बहुत ही अचम्भा और पीड़ा हुई होगी। हाउ थैंक्लेस भी सोचा होगा। और इधर मैंने उन्हें अनरोमांटिक का टाइटल भी दे दिया।

ये शादी के शुरुआत की बात है अब तो हम एक दूसरे को ठीक से समझ गए हैं। और एक दूजे की पसंद और नापसंद जानते हैं लेकिन ये सब मुमकिन हुआ एक दूसरे से पूछ कर और बता कर।

कॉन्फ़्लिक्ट गलतफहमियाँ आदि प्रॉपर कम्यूनिकेशन ना होने की वजह से ही उपजते हैं

कम्प्लीट कम्यूनिकेशन मतलब एक की बात दूसरा वैसे ही समझे जैसा की पहला बात रहा है या फिर बात उसी तरह से की जाए जिस तरह से उन्हें समझ आती है।

ग़लत कम्यूनिकेशन होगा जैसे कि अगर दफ़्तर से लगातार लेट आनेवाली पत्नी के स्वास्थ्य के ख़्याल से पति कहे

इतनी देर से क्यूँ आयी?

तुम बहुत लापरवाह हो, तुम्हें पता ही नहीं घर कब आना है काम कब बंद करना है,

या कहे लगता है तुम घर से ज़्यादा दफ़्तर को अहमियत देती हो,

या फिर ताना मारे - अभी तो काफ़ी रात बाक़ी है इतनी जल्दी किस तरह आ गए?

अपनी चिंता दिखाने के बजाए आरोप लगाने वाला ज़्यादा लगता है साथी, इस समय -जल भुन कर रह जानेवाला साथी मन में गाँठ बांध लेता है की इन्हें तो बस तनख़्वाह से मतलब है, मेरी तो चिंता ही नहीं पूछा ही नहीं की लेट क्यूँ हूँ।

जल्दी घर आ ज़ाया करो,

रेस्ट कर लिया करो

सही शब्दों में ठीक से व्यक्त हुआ ही नहीं उल्टा झगड़े का कारण और बन बैठा।

एक दूसरे की नेचर समझना, बात करने के अभिप्राय को समझना, अपनी पसंद - नापसंद बता पाना। चीजें कह कर ही समझी व समझाई जा सकती हैं, अगर आप समझते हैं की बिना बोले ही बूझ ली जाएँगी तो ग़लत होगा ऐसा सोचना।

इजहारे इश्क़ यानी प्रेम का बयान एक ऐसी शै है जो किसी भी मुक़म्मल रिश्ते की जड़ में रहती ही है।

आप भले ही उनकी कदर करते हैं, उन पर फ़िदा हैं सब कुछ निसार कर सकते हैं, आपके मन में बस वही समाए रहते हैं लेकिन जनाब अगर इस बात का इज़हार ना किया बोल कर या किसी और तरह से जताया या बताया नहीं तो सब विचार बेकार हो जाते हैं आप के मन के भाव।

उन्हें भी तो इस बात का एहसास होना चाहिए की वाक़ई वो आपके लिए कितने अहम है,

या फिर आपको भी इंतज़ार रहता है इन सब बातों का जिस से आप को लगे की हाँ आप मायना रखते है किसी की ज़िंदगी में

क्या पल भर के लिए भी कभी आपको लगा क़ि कोई आपको प्यार करता है?

क्या था उस एक क्षण में कुछ ऐसा वो जिसने आपको ऐसा एहसास कराया

उनका अन्दाज़, उनका नेचर, उनकी स्माइल,

- या उनका कहना की कई दिनों से उनका मन कर रहा था कि आपको मिल कर आए इस लिए दफ्तर से छुट्टी ले कर आ गए।
- वह आपके साथ टाइम बिताना चाहते हैं आपको हर दम आँखों के सामने रखना चाहते हैं
- आपके जन्मदिन या शादी की सालगिरह को याद रखते हैं कोई भी तोहफा या कार्ड देना नही भूलते वैसे भी गिफ्ट दे कर सर्प्राइज़ करते रहते हैं
- आपका पार्टनर आपके लिए कोई काम करता है जैसे की बिल देना, किश्त जमा करा देना, घर का सामान सम्भाल देना आपके लिए कभी थके होने

पर चाय नाश्ता बना देना या आपके साथ काम में हाथ बटाते हैं तो आपको लगता है कि आपको बहुत प्रेम करते हैं आपकी बहुत परवाह करते हैं चलिए एक बार फिर याद करते हैं क़ि हमारी लव लाइफ़ में क्या हो रहा है क्या हमारे नीड्ज़ पूरे हो रहे हैं?

हम सब का प्रेम को महसूस करना और बयान करने का स्टाइल अलग अलग है

सभी का। अगर निचोड़ कहें ज़रूरत की तो वो है

- शाबासी
- सौग़ात
- सेवा
- समय
- स्पर्श

सोचो ज़रा

क्या आपको मालूम है उन्हें किस तरह से प्रेम महसूस होता है।

- क्या अच्छा लगता है आपके उनको?ऊपर बनाई गयी लिस्ट में से?
- क्या वो जानते हैं आपके के अंदर से प्रेम का झरना किन शब्दों/कार्य से बह निकलता है?

परवरिश माँगते हैं गहराते रिश्ते

रिश्तों को बनाने में तो शायद चंद क्षण ही लगता होंगे लेकिन उन्हें निभा पाना सब के बस की बात नहीं होती बरसों लग जाते हैं उन्हें मज़बूत होने के लिए।

बहुत धैर्य, सहानुभूति, व निरंतरता चाहिए, बहुत सा काम करना पड़ता है बना कर रखने में, संजो कर, सम्भाल कर रखना पड़ता है इस प्रेम रूपी वृक्ष को निरंतर सम्भाल चाहिए। परवरिश माँगते हैं गहराते रिश्ते।

कितने ही पड़ावों को पार करते रिश्ते समय माँगते हैं, ध्यान माँगते हैं, परवरिश माँगते हैं ताकि उन्हें बीज रूप से बरगद होने का सौभाग्य प्राप्त हो।

अगर हम एक वृक्ष की अथवा गार्डन की सोचें तो देखिए उसमें कितनी निरंतर ख़्याल रखने की परवरिश करने की ज़रूरत रहती है। समय अनुसार, मौसम के अनुसार, उसकी नीड्ज़ के अनुसार, हम उसकी देख रेख में कोई कसर नहीं रखते।

लगातार पानी खाद का ख़्याल रखते हैं ऐसा नहीं की एक ही बार चार पाँच बाल्टी पानी डाल कर फिर महीना भर उसे देखते ही नहीं। कीड़ा लगा हो तो उसकी पहचान कर उसमें कीटनाशक छिड़कते हैं, जहां डालियाँ उलझ गयी हों उन्हें काट छाँट कर बराबर करते हैं। तो आप समझते हैं रिश्ते जो की व्यक्तियों के साथ बनाए जा रहे हैं उन्हें सम्भाल के रखने में, ध्यान देने कि आवश्यकता तो ज़रूरी होगी नहीं तो वोह भी ग्रो नहीं कर पाएँगे। बहुत से स्टेजेज़ आते हैं रिश्तों की गहराई के दौरान

4

गहराते रिश्तों के पड़ाव

मेरे प्यार की उम्र हो इतनी सनम — तेरे नाम से शुरू और ख़त्म आदि बोल तो हमने सुने ही हैं कुछ ऐसे कपल्ज़ भी देखे होंगे जो प्यार की गहराइयों में पूरी तरह से उतर जाते हैं।

कुछ इस कदर बढ़ने लगती हैं प्यार की नज़दीकियाँ की सारे तक्क्लुफ़ मिट जाते हैं जैसे किसी शायर ने कहा है: आप से वो तुम हुए फिर तु हो गये, रफ़्ता - रफ़्ता वो मेरी हस्ती का सामान हो गए

अब मैं कहाँ हूँ सब तु ही तु है" वग़ैरह जैसा एहसास होने लगता और फिर कुछ सालो बाद तो हाव भाव और आदतें भी एक जैसी होने लगती हैं।

रिश्तों की पहली नज़र की उमर बढ़ कर क्या रूप लेगी कितनी देर चलेगी कब ख़त्म होगी?

एक क्षण में या फिर, -खतम हो कुछ मिनट, कुछ घंटे, कुछ दिन, कुछ हफ्ते, कुछ महीने, कुछ साल, पूरी उम्र, या उम्र से परे जन्मों जन्मों का साथ रहेगा ये निर्भर करता है इस बात पर की बनाने से ले कर निभाने तक आप ने रिश्तों की परवरिश किस तरह से की है

आकर्षण से अंतरंगता तक आने के बीच में 7 stages से गुजरते हैं रिश्ते जितना गहरे आप उतरेंगे उतनी ही लंबी आपके प्यार की उम्र होगी और बना रहेगा एक रिश्ता मीठा सा ...

अधिकतर रिश्तों की शुरुआत होती है आकर्षण से

1. आकर्षण(अट्रैक्शन) अधिकतर physical/शारीरिक

Attraction यानि खिंचाव सा महसूस करना किसी के प्रति। जैसे किसी की खिल खिलाहट पर ध्यान जाना, किसी के आचरण से प्रभावित होना। आप आकर्षित होते हैं शायद उनकी शक्ल से, उनकी अकल से, उनकी नेचर से, उनकी पदवी से, उनकी मुस्कुराहट, या आवाज़ ने आकर्षित किया।

आकर्षण चाहे जैसा भी हो जिस कारण से हुआ हो मतलब तो ये ही निकलता है की आप उस व्यक्ति के साथ मिलना चाहते हैं, मेलजोल बढ़ाना चाहते हैं, नजदीक जाना चाहते हैं, बातें करना चाहते हैं, उनकी झलक के लिए घंटो बैठते हैं कभी लाइब्ररी में तो कभी कैफ़े मैं, जहां जिस पार्टी में कोई जानता भी नहीं रास्ते निकलते हैं वहाँ जाने के बुलाये जाने के के लिए मिन्नतें करते हैं दोस्तों की।

मिन्नते कर के उस event के एंट्री पास लिए जाते हैं जहां उनके दिखाये पड़ने के chances हों, या फिर worker है तो बार बार काम के बहाने बुलाते हैं, या फिर खुद ही dictation लेने पहुँच जाते हैं उनकी टेबल तक। बार बार आईने के पास से गुजरते एक नज़र डाल ही लेते हैं, पसंद तो आ ही जाएंगे न?

कैमिस्ट्रि, साइकॉलजी, फ़िलॉसफ़ि, एनैटॉमी ऑफ लव शुरू होती है आकर्षण से।

कुछ कुछ होता है, यानि दिल की धड़कन तेज़ होती है, साँसे तेज़ हो जाती है, कई बार तो पसीना भी आ जाता है – जी शरीर और मस्तिष्क में प्रेम रसायन बहने लग गया।

ऑपोज़िट आकर्षित करता है

- अगर आप इंटरोवेर्ट हैं आपको उनका उन्मुक्त रूप से हँसना, बेझिझक मिलनसार हो जाना आकर्षित कर सकता है।
- अगर आप खुद adventurous आउटगोइंग हैं तो आप को उनका शरमाना, चुप चुप रहना एक दम से the नाइट इन द shining armour बना डालता है, उनकी हर मुश्किल आसान कर देना चाहते हैं आप। लगता है बस- इक नज़र देख तो ले कसम से तारे बिछा डालेंगे कदमों में।

आकर्षण थोड़ा सा सेलफिश होता है स्वार्थी होता है, अपने उदेश्य की पूर्ति के लिए तरह तरह के ढंग अपनाता है उस दूसरे को पसंद आने के लिए, आकर्षित करने के लिए, उनका साथ पाने के लिए।

इस पीरियड को कहते हैं हनीमून पीरियड यानी शहद जैसा मीठा और चाँदनी जैसा रूमानी

आप अपने बेस्ट behaviour को अपनाते हैं। बड़ा ही कंट्रोल करते हैं। हाँ में हाँ तो अक्सर मिलायी ही जाती है सब बातों में। जब लगता है हर दिन सुहाना होगा, हर रात सुहानी होगी, ज़िंदगी गुलाबी सी लगने लगती है, क्यूंकी गुलाबी चशमा प्रेम का लगा कर देखते हैं जब सब कुछ माफ करने की बात करते हैं आप। उस समय दोस्त परिवार, लोग चाहे कुछ भी कहें उनके बारे में उनके क्रोध के बारे उनकी आलस, उनके बुरे व्यवहार के बारे में तो उन्हे न तो सुनता है न दिखता है कोई नुक्स अपने प्यारे में।

रांझा रांझा करदे नि में आप ही रांझा होइ जैसे उन्ही का रूप चढ़ता चला जाता है ऐसा लगता है जैसे जुनून सा चढ़ गया हो। उनकी ग़लतियाँ भी हसीन लगती हैं और उनका कोई भी काम या व्यवहार का अटपटापन दिखाई ही नहीं देता।

बस कोई बात करवा दे, शायद वो खुद ही चले आएँ। फिर जैसे ही नज़रों ने इकरार किया शब्दों ने बयान किया तो बस क़िस्सा शुरू एक और प्रेम कहानी का।

याने की अब बात दोनों तरफ से आकर्षण की है, जब इकतरफा से दोतरफा एहसास होता है की बस कैसे आगे बढ़ा जाए

जुड़ाव

फिर मुलाकातें बढ़ते ही जुड़ाव बढ़ता जाता है, संबंध बन सा जाता है। कभी कभी तो दफ्तर और काम से छुट्टी भी ले ली जाती है चाय काफ़ी पर या पिकनिक सिनेमा जाया जाता है, घर पहुँच कर भी "मुझे चैन न आए मुझे नींद न आए "गुनगुनाया जाता है और उँगलियाँ खुद ब खुद उनका नंबर डायल कर ही डालती है फिर सुबह कब हो गई पता ही नहीं चलता आँखों आँखों में रातें बीत जाती हैं। एक दूसरे को

क्या पसंद है -हाँ मुझे भी यही पसंद है आदि कहा जाता है इस दौरान जो तुमको हो पसंद वही बातें होती हैं तब दूसरे की पसंद को पहल दी जाती है।

गहरी होती (जान पहचान)

अब शुरू होता है सिलसिला उनकी पसंद नापसंद जानने का उन्हे क्या पसंद है मुझे क्या करना है उन्हे पसंद आने के लिए, जान पहचान बढाई जाती है, यहाँ तक कि उनके परिवार में कौन हैं व उन्हें क्या पसंद है आदि। बहाने से उनके घर भी ज़ाया जाता है और इम्प्रेस करने के तौर तरीक़े अपनाए जाते हैं।

आपस में नोट्स एक्स्चेंज किए जाते हैं long drives पर या किसी रेस्टरौंट में बैठ कर या तो फिर जिम या लंबी सैर पर ही निकल जाते है बतियाते बतियाते, कुछ तो अपनी सारी किताब ही खोल देते हैं पसंद आने के लिए, एक छवि बनाने के लिए और कुछ आहिस्ता आहिस्ता, सोच सोच कर एक आध सा पन्ना सुना कर रख देते हैं अपनी किताब, की ज़्यादा क्या बताना, कहीं पूरा बता दिया तो रिश्ता आगे न बढ़ पाएगा।

गहराते रिश्ते के सफ़र में कभी अपनी हस्ती भी फ़ना कर देते हैं लेकिन अगर ये आपकी ट्रू nature नहीं है तो कभी ना कभी तो अपनी असली नेचर भी हावी हो जाती है, अपना अस्तित्व कभी खोता हुआ सा लगता है तो तकरार भी हो सकती है तो शुरू होता है एक संघर्ष कभी खुल्ले-आम तो कभी unconsciously अनजाने में ही।

Power struggle (सत्ता संघर्ष)

मेरी ही बात को अहम समझा जाए, मेरा मन रखा जाए, मेरा आदर किया जाए। प्रेम व सम्मान का भाव हो मेरे प्रति। ओके चलो अब देखते हैं किस मे कितना है दम।

रिश्ता तो बन गया अब तय करते है क़ि बात किसकी मानी जाएगी की होड़ भी लग जाती है।

दोनों ही एक दूसरे को अपने जैसा बनाना चाहते हैं, वो ये भूल जाते हैं उन्होने जिस व्यक्ति को पसंद किया था जिन बातों के लिए, जिन पॉइंट्स को ले कर आज उसी

bad पॉइंट मानते हुए उसे अपने ही ढंग से जीने के लिए बाध्य
जों पर। अधिकतर मुद्दों पर तो दोनो उलझ ही जाते हैं की बात
एगी।

लेकर बचत के तरीके तक।

मानी जाती है।

द के हॉलिडेज़ डिसाइड होंगे,

, परिवार, बच्चे, गाड़ी, सेविंग्स, माता पिता, फ़्रेंड्स, पार्टी टाइम,

खाना घर में बनेगा या बाहर से आएगा इत्यादि पर किसका हक़ होगा निर्णय लेने का।

ऐसा लगता है जैसे अपना लाइफ़ स्टाइल दूसरे पर थोप रहे हैं

कुछ समझदार जोड़े मिलजुल कर काम करते हैं डिसाइड करते हैं।

- मेरी, तुम्हारी और हमारी वाली बात कर लेते हैं। कुछ इस तरह से की दोनों के लिए win – win situation हो जाए, किसी को न कहना पडे "ए लो मैं हारी पिया हुई तुम्हारी जीत रे, किसी को भी घाटे का सौदा ना लगे रिश्ता इस चीज़ पर काम करते हैं।
- और कुछ तो यहीं पर तिलांजलि दे देते हैं अपनी love story की बाक़ी stages को।

अक्सर चुभते हुए शब्द कह जाते हैं एक दूसरे से

- देखे तुम जैसे बहुत।
- तू नहीं तो कोई और, नहीं तो कोई और सही।
- दब के थोड़ी न रहेंगे – जैसे फ़िकरें आम हो जाते हैं

अहंकार रूपी डंक, डंके की चोट पर ऐलान करता है - वी आर नो लॉन्गर टुगेदर

(we are no longer together कहा जाता है, फ़ोन ब्लॉक से मीडिया पर कुट्टी। और इस समय

Fight and flight mode पूरी तरह से ऑन होता है

एनिमल इन्स्टिंक्ट है (animal instinct) जानवर जब भी अपने आप को (fearful circumstances) में पाताहै अपने बचाव के लिए या तो वो पैने दा नुकीले सींग इस्तेमाल करता है। या फिर अपनी टाँगे और तेज़ गति का इस्तेम कर के दौड़ लेता है- जान बची लाखों पाये कहते हुए, अभी तो दौड़ लो बचे तो देखा जाएगा, कभी तो मज़ा चखाऊंगा वाली भावना भी साथ ही जन्म ले लेती है अंदर। वैसे ही हम विभिन्न परिस्थितियों में समय-समय पर इन मोड्ज़ का इस्तेमाल करते हैं

या तो हम

फ़ाइट मोड में आ जाते हैं हम जब भी किसी परिस्थिति को पेन फ़ुल मानते हैं या तो उस का डट के मुक़ाबला करते हैं कभी गुर्रा कर, कभी चीख चिल्ला कर या फिर हाथापाई से भी। जो फाइट कर सकता है अपनी बात मनवा ही लेता है।

या

फ़्लाइट मोड अपना कर कोई डर कर दौड़ लेता है उस परिस्थिति से, जब लगता है बेबसी है, सुलझाइए नहीं सुलझ रही बात। न तो शब्द हैं समझा पाने के लिए न ही हिम्मत है पलट कर जवाब देने की तो बस छोड़ - छाड़ के चल देते हैं। हमेशा के लिए तौबा कर लेता है प्यार के नाम से। जब उन्हे अपने अनुभव से या दूसरों के निर्णय से आत्म छवि छोटी सी होती लगती है। अपने आप पर या प्रेम के ऊपर विश्वास ही नहीं रहता। गुड for नथिंग की भावना गहरी हो जाती है। रिश्तों के नाम से भी डर लगने लगता है फिर ज़रूरत पड़ती है काउन्सेलिंग की, थेरेपी की।

काश ये कक्षा, ये प्रेम की पढ़ाई, ये घर बसने के टिप्स, हिदायतें रिश्तों को संवार के रखने की उलझी बातों को सुलझाने की पहले से ही दी जाती तो शायद ये ego tussle के अंतर्गत घाव देते हादसे कम हो सकते, इस रिश्ते को न धर दबोचते, फिर तो शायद एक दूसरे को समझ पाना इतना कठिन न होता- कभी मेरी --कभी

तुम्हारी ---- कभी हम दोनों की बात मानी जाने पर कोई छोटा या बड़ा न महसूस करता और फिर वो जल्दी ही बड़ी सुगमता से ये पड़ाव पार कर लेते और चल देते स्वीकृति की और

जो की अगली मंज़िल है रिश्तों की सीढ़ी में जब धीरे -धीरे धीरज के साथ कुछ उनकी कुछ अपनी नेचर को समझते हुए साथ चलने का इरादा करते हैं और अपना लेते हैं एक दूसरे को

Acceptance (स्वीकृति)

ट्रस्ट यानी विश्वास है की किसी को दिल देके धोखा नहीं होगा आपका विश्वास नहीं तोड़ा जाएगा। जो जोड़े अपनी पावर struggle और ego clash वाली स्टेज को पार कर लेते हैं वो देतें हैं एक स्वीकृति एक दूसरे को। एक दूसरे की पसंद नापसंद को और देते हैं स्वीकृति साथ साथ जीने को। बात बात पर ताने नहीं होते। अविश्वास नहीं होता। पूरी तरह से ऐक्सेप्ट कर लेते हैं दूसरों की ताक़त और कमजोरी को।

कोशिश करते है की इक्कठे ही अहम मुद्दों को तय किया जाए जैसे की आर्थिक, सामाजिक, पारिवारिक, मनोरंजन आदि विषयों पर और निर्णय लिया जाए जो सबके लिए उपयुक्त हो, जैसे कि

चलो मिल कर प्लान बनाते हैं हॉलिडेज़ की,

इस बार तुम्हारे पैरेंट्स के पास चलते है अगली बार मेरे मायके चलेंगे,

विदेश यात्रा की जगह इस बार फ़ेमिलि टाइम करते हैं,

घर की किश्तें, बच्चों की हाइयर स्टडीस के लिए सेविंग्स,

होटल का खाना, दोस्तों की महफिल जमाना, पार्टी करना क्रिकेट के मैच, या टीवी पर मनपसंद रोमांटिक फिल्में घंटों देखना कोई भी चीज़ न अखरती है।

बस अब तो मज़ा सा आता है एक दूसरे की खुशी देख कर। भला सा लगता है की इन आँखों की चमकती खुशी मे हमारा भी योगदान रहा, कितने अच्छे/अच्छी है ये!! जा कर उनसे लिपट जाने को बरबस ही मन हो आता है, अच्छा.. तो ये दिल

तुम्हारा हो गया -- गुनगुना उठते हैं हम और चल देता है ये रिश्तों का सफर अपनी अगली मंज़िल की ओर

और रिश्ते में अब आती है

Consistency(स्थिरता)

उत्तार चढ़ाव अब स्थिर हो जाते हैं। एक दूसरे को जान लेने पर मन के सारे फ़िक्र जिसके कारण झूल रहे थे, निश्चय अनिश्चय के बीच ख़त्म होते नज़र आते हैं।

कभी बहुत ज़्यादा ही खुल कर बात करते थे पसंद आने के लिए, अपना पक्ष रखने के लिए की बात कही हुई बुरी न लग जाए, या बिलकुल फासला बढ़ा देते थे की ज़्यादा नहीं बात करनी कहीं बात का बतंगड़ न हो जाए, करूँ या न करूँ?, ठीक है या नहीं?

कभी घंटों फोन पर दिन में तीन बार या फिर हफ्तों चुप्पी ये कह कर की मुझे कुछ समय चाहिए मैं भावनाओं में तो नहीं बह रहा/रही I need space, I need to think it over कह कर अपने आप से, दोस्तों से, फॅमिली से, या मैगज़ीन्स में आर्टिक्ल पढ़ कर कहीं डिसिशन गलत न हो जाए की गुत्थी सुलझाते थे, अब चैन की सांस लेते हैं और बड़े यकीन के साथ कह सकते हैं की हाँ यही है वो जिसके सपने देखे थे। इस रिश्ते को अब आगे बढाया जा सकता है।

एक स्थिरता आती है, timetable में अब बाकायदा एक दूसरे के लिए समय निकाला जाता है। डिनर, एंड आउटडोर आओटिंग की बातें फ़ाइनल की जाती हैं और साथ ही अगली स्टेज की ओर बढ़ते हैं की चलो अब एक लंबे समय तक साथ रहने के प्लान बनाते हैं, अब हम किसी और साथी की तलाश को करते हैं बन्द, और होता है कमिट्मेंट एक दूसरे के प्रति।

Comittment (प्रतिब्धता)

एक प्रणय सूत्र में बन्ध जाते है दोनों, वादे किए जाते हैं, निश्चय लिए जाते हैं, अब बेफ़िक्र हो कर वो चलते हैं की किसी और को ट्राइ करने की ज़रूरत नहीं है अब।

ये नहीं तो कोई और, नहीं तो कोई और नहीं करते two timing नहीं करते। संभल जाते हैं। आप एक दूसरे के प्रति प्रतिबद्ध होते हैं अब। (committed) हो जाते, ट्रस्ट किया जाता है, रिश्ते की रेस्पेक्ट की जाती है, एक ही के साथ प्रगाढ़ता बढ़ाई जाती है, कोई मौक़ा नहीं दिया जाता शक का, अविश्वास का।

Intimacy (घनिष्ठता/आत्मीयता) की ओर

प्यार की गहराई, और प्यार का बढ़ता आनंद - ये जो हल्का हल्का सुरूर है, यह तेरी नज़र का क़ुसूर है ....मन में एक गुदगुदाहट सी, हर पर उनको ही ढूंढती नज़रें,

वो हल्के से उनके हाथों का छू जाना, उनकी उलझी हुई लट को सुलझाना, या धीरे से उनसे छू जाना, हर समय उन्हे बस आलिंगन में बांध लेने के ख्वाब, वो खुमार सा वो नशा सा, मौसम रंगीन सा रातें सपनीली सी, वो उनके आने का इंतज़ार। बस अब तो अपना सा बना लेना ही जान बचा पाएगा ऐसा लगता है।

फिर छिड़ती है बातें की किस तरह इस किस्से को आगे बढ़ाया जाए, कैसे एक खूबसूरत सा मोड दिया जाए की रास्ता प्यार का अब इक्कठे एक ही जगह साथ रहने वाले मुक़ाम पर आ जाए

कुछ जोड़े - दे either गों फॉर आ लिव इन relationship, कुछ लॉन्ग courtship or कुछ सीधा मैरेज के फेरों तक इस दौर को ले जाते हैं।

शारीरिक व भावनात्मक घनिष्ठता और गहराती जाती है, एक दूसरे में अपना स्वर्ग ढूँढते दोनो खो जाते हैं एक नयी दुनिया के सफ़र की रंगीनियाँ में। जो सफ़र शुरू हुआ था एक आकर्षण से और बन गया धीरे-धीरे एक गहरा घना सम्बन्ध।

अब यह सफ़र तय हुआ कैसे? कोई चीज़ तो है जो यह सफ़र करने को उत्साहित करती है? इसे पूरा करने का बेस/आधार बनती है?

क्या हैं ऐसी चीजें जो जोड़ कर रखती हैं रिश्तों को एक लम्बे समय तक और कुछ इस तरह से बढ़ा देती हैं अंतरंगता कि हर जिरह व बहस के बावजूद रिश्ता बना रहता है मीठा सा।

Attraction से intimacy की stage से गुज़रते हुए असल में प्रेम भरे जीवन की नींव पड रही है और मज़बूत इमारत बन रही है। जहां पर आपको अवसर भी मिल रहा है और टेस्ट भी हो रहा है कि क्या रीऐलिटी को झेल पाएगा यह इश्क़ का बढ़ता बूटा? या यूँही दम तोड़ देगा ज़रा सा नेग्लेक्टेड फ़ील कर के या फिर अहंकार वश अपने ही पाँव कुल्हाड़ी मारने की हरकत कर बैठेगा।

सोचो ज़रा

- आप का रिश्ता कौन सी स्टेज पर है?
- कितनी मज़बूत है आपके रिश्तों की नींव?
- वो शुरुआत की स्टेज वाला आकर्षण क्या अब भी है?
- क्या अब भी आप पूरा समय देते है रिश्ते को या फिर टेकन फ़ोर ग्रानटेड हो गया है रिश्ता भी और सनम भी?

5

हमारी परवरिश और सोच के नक़्शे

जैसा नक़्शा होता है इमारत बिलकुल वैसी ही बनती है।

सोच ही हमारे व्यवहार को उचित अनुचित बना देने का आधार बन जाती है। सोच के ऊपर सुने हुए शब्द देखे हुए वाक़या आदि काफ़ी कुछ असर करता है। क्या क्या आधार बना हमारे नक़्शों का जो हमने बना रखें हैं रिश्तों के बारे में। जैसे विचार बना रखे हैं वैसे ही व्यवहार होगा वैसे ही सवाल हम पूछेंगे खुद से और दूसरों से।

अक्सर हम सभी ने कभी तो ज़रूर सुने होंगे ऐसे शब्द

- प्यार कहाँ से आ गया ये तो शादी है भाई
- प्यार कुछ नहीं होता
- रिश्ते तो मतलब के होते हैं
- पुरुष और स्त्री के बीच क्या बराबरी
- औरत को क्या चाहिए
- सात जन्मों का साथ है
- साथी तो मिले साथ साथ भी चल लेंगे
- ज्यादा मुंह खोलेगी तो खाएगी मुझसे
- औरत सर पर चढ़ जाती है ज़्यादा लाड़ लड़ाओ तो
- बदलना उसको होगा मेरे लिए
- मैंने उसके माता पिता से नहीं उस से रिश्ता बनाया है

किसी भी उदेश्य की सफलता के पीछे एक सफल मानसिकता रहती है माइंड सेट रहता है।

ज़िंदगी के बारे में, रिश्तों के बारे में, जिस चीज़ में भी आप सफल होना चाहती है उसके बारे में आपकी क्या धारणाएं हैं?

क्या हैं आपकी ज़्यादातर धारणाएँ और विचार? किस तरह की आंतरिक वार्तालाप inner dialogue करते हैं विचार? किस बनाए अपने ये तरीक़े, क्या थी वो

- सुनी हुई?
- देखी हुई?
- या बनाई हुई किसी इंसिडेंट को देखकर?
- या कोई पुराना भावनात्मक दर्द जो साथ चलता है
- दिल की सुनूँ या दिमाग़ की वाला अंतर्द्वंद
- अपनी आत्म छवि के बारे में संदेह देतीं घटनाएँ
- कहीं किसी हीन भावना से तो नहीं ग्रसित हैं आप?
- कैसी परवरिश रही है आपकी?
- अकेले थे आप या ढेर से भई बहनों में सबसे बड़े या सबसे छोटे।
- पेरेंट्स बहुत स्ट्रिक्ट थे या बहुत ही पेरमिसिव?

असर हमारे जीवन पर हमारी मानसिकता का

ो वह जो आपकी धारणाएं हैं, जो मानसिकता आपकी बन जाती है, आपकी जो ोच है, वह सबसे बड़ा कारण बनती है कि आप जीवन के किसी भी क्षेत्र में स्पेशली पने रिश्तों में सफलता हासिल करेंगे या नहीं करेंगे।

तो के बारे में क्या मान्यताएं हैं। क्या धारणा है, परिभाषा है वो ज्यादा इफेक्ट ा व्यवहार को जो भी विचार हमने बचपन से बना लिए या सुनी सुनाई बात ारा बना लिए वो हमारे आज के रिश्ते के बीच में आ कर खड़े हो जाते हैं,

हमारे बिलीफ़ यानी हमारि धरणाएँ हमारा चश्मा बन जाती हैं दुनिया को देखने का।

- सामाजिक रीति रिवाजों से
- हमारा आर्थिक स्तर
- हमारी शिक्षा का स्तर
- हमारे अनुभव और हमारा उनके प्रति अनुमान

ये सब एक दुनिया को देखने का और अभिप्राय निकालने का ज़रिया बन जाते हैं और हम इनहीं के बीच से हो कर हर चीज़ का अच्छा या बुरा मतलब निकलते हैं व अपना जीवन जीते जाते हैं जब तक की हम अपनी सोच नहीं बदलते या कोई हादसा हमें सोचने को बाध्य नहीं कर देता की क्या मैं ठीक सोच समझ रहा हूँ?

हमारी अपेक्षाएँ क्या बनी जब हमने अपने बड़ों को आपस में व्यवहार करते देखा

मम्मी पापा के आपसी रिश्ते को हमने देख कर क्या निष्कर्ष निकाला, सुनी हुई बातें, सिनेमा देख कर किताबें पढ़ कर दोस्तों से सुन कर उन्हे देख कर, या उनकी बातों से

जैसे हमारी धारणाएँ वैसे ही सवाल हम करेंगे खुद से

या तो कमजोर करते हुए

एक बेचारगी का एहसास कराते सवाल उठेंगे मन मस्तिष्क में

- क्यूँ नहीं ये मेरी तरह से सोचते?
- क्यूँ मेरी ही लव लाइफ़ इतनी ख़राब है?
- क्यूँ हर बार या तो विस्फोट हो जाता है या बर्फीली चुप्पी जब भी हम मिलते हैं?
- क्यूँ हर बार मैं ही सेल्फ़ रेस्पेक्ट के साथ समझौता करूँ?

- क्यूँ कोई नहीं समझ पाता मेरी भी डिज़ाइअर को?
- क्यूँ मुझे ही हर बार माफ़ी माँगनी पड़ती है?
- क्यूँ मुझे ही सारा काम सम्भालना पड़ता है?
- क्यूँ नहीं मुझे मिल पाते कोई भी तोहफ़े या कोई रोमांटिक सा हॉलिडे?
- क्यूँ नहीं मैं जब चाहे जो करना चाहूँ नहीं कर सकती/सकता?

और अगर इसी तरह के सवाल रिश्ते में आप पूछते हैं तो फिर निशचित रूप से ये आपको एक विक्टिम की तरह असहाय ही फ़ील करवाएँगे और हमेशा दूसरों को अथवा परिस्थिति को या भाग्य को ही दोष देते रहेंगे।

और इसी मनस्थिति के ऊपर निर्भर हो जाते हैं हमारे निश्चय और व्यवहार और निश्चय में शामिल रहते हैं कुछ इस तरह के विचार

ये सभी बातें हमारी सोच की ओट में छुपी रहती हैं और हमारे रिश्तों को असर करती हैं।

अगर आपने फ़ैसला ले ही लिया है साथ रहने का तो फिर सवालों का क्यूँ हटाइए और कैसे पूछिए।

कैसे मैं अथवा क्या कर सकती/ता हूँ मैं इसे बेहतर बनाए के लिए? ये सवाल पूछें तो बेहतर होगा

- हम कैसे अपनी सोच का तालमेल बिठाएँ?
- किस तरह लव लाइफ़ को स्पाइसी करें?
- बातचीत में क्या बदलाव लाया जाए?
- एक दूसरे का आदर मान - सम्मान ध्यान में रखते हुए अपना पक्ष किस तरह रक्खा जाए?
- अपने दोनो के सपने कैसे पूरे करें?

- सॉरी, thank you forgive me में कहने से हिचकिचाहट कैसे ख़त्म हो?
- अपना काम कैसे मिल कर बाँटें?
- किस तरह से स्पष्ट कहना होगा अपने मन की इच्छा को?

आपकी मंज़िल क्या है?

रिश्ते बनाने का उद्देश्य अगर स्पष्ट नहीं है तो रिश्ता कितनी देर तक चलेगा? अगर हम रिश्तो की सफलता की बात करते हैं। अगर किसी सफल जोड़े से बात करें जिसने 20, 30, 40, 50, साल साथ गुजारे हैं सफलतापूर्वक, तो जरूर आपसे बताएंगे कि उनकी मानसिकता और लक्ष्य की स्पष्टता ने सबसे बड़ी मदद की रिलेशनशिप के सफल होने में।

ब्लू प्रिंट क्या है आपके रिश्ते के रास्तों का, आपकी मंज़िल क्या है? आपने क्या नक्शा बनाया है आपने रिश्तो का कैसे होंगे?

क्यूँ हैं आप साथ में एक दूजे के और कैसा रहेगा आपका भागीदारी वाला कर्तव्य?

- खुल के बात कहेंगे
- रेस्पेक्ट करेंगे
- चुप ही रहेंगे
- पलट कर ऐसा जवाब देंगे की आगे वाला दोबारा पूछेगे ही नहीं, आधी बात बताएँगे आधी घुमा फिरा कर
- काफी टोकेंगे पैसे को ले कर, घर चलाने को ले कर, खर्चे को ले कर, बच्चों को ले कर इत्यादि
- आप किस मानसिकता के साथ रिश्ता जोड़ रहे हैं साथ साथ जीने का उद्देश्य क्या है ये विचार ज़रूर कर लेना चाहिए की आप दोनों के समान विचार हों कम से कम लॉन्ग टर्म विसन तो एक हो साथ में रिश्ता बनाने का उद्देश्य साफ़ हो ये ज़रूरी है

- क्या आप दोनों सामाजिक तौर पर एक जैसे विचार रखते हैं
- क्या आप दोनों ने एक दूसरे की मानसिकता को समझा है
- आप क्या करेंगे। ?वह क्या करेंगे
- क्या है आपकी अपेक्षा रिश्ते से? साथी से? परिवार से? स्वयं से?

पहले इन बातों की क्लैरिटी लानी होगी।

यात्रा की मंज़िल क्या है उसी के अनुसार तो तय करना होगा अपना व्यवहार और वो टिका है आप की सोच और बिलीफ़ पर आप की धारणाओं पर। आप growth vision kaisa hoga

रिश्तों में (पैशन) जुनून यानी जोश के साथ-साथ (पर्पस) उद्देश्य भी साफ़ होना चाहिए की आप रिश्ता क्यूँ बना रहे हैं?

तभी आप तय कर पाएँगे की आप जोड़ना चाहते हैं या तोड़ना चाहते हैं?

- उदेशय नहीं पता और जल्दबाज़ी में आकर्षण के कारण रिश्ता बना लिया और अब तोड़ने पर ज़्यादा फ़ोकस है तो हर बात में नुक़्स निकलेगा हर छोटी सी बात भी चुभने लगेगी बात -बात पर तोड़ने और छोड़ने के बहाने ढूँढे जाएँगे।
- उदेश्य पता हो तो meaningful रिश्ते देर तक चलते हैं। क्यूंकी तब आप तोड़ने की नहीं – जोड़ने और निभाने की बात करते हैं। अगर आप को स्पष्ट है की आप का संबंध बनाने का अभिप्राय क्या है और आप एक रिश्ते में क्यूँ बने रहना चाहते हैं तो रिश्तों के उतार चढ़ाव, बदलते मौसम आप को डिगा नहीं सकते 'तब आप (प्रोब्लेम फोकस) यानी की समस्या केंद्रित नहीं वरण (सोल्यूशंस फोकस)समाधान केंद्रित रहते हैं बात का बतंगड नहीं बनाते।

हम तब बोलने और आचरण के समय इस बात पर ध्यान देते हैं की इसे सुलझाना कैसे है?

माना की हमारे बीच असहमति है, हमारा दृष्टिकोण एक बात को ले कर एक जैसा नहीं है आओ मिल कर सुलझाते हैं जहां दोनो को फ़ायदा हो ना की छोटा महसूस हो।

किसी भी interaction में, एक दूसरे के बीच विचारों के आदान प्रदान के दौरान हमारी सोच का लेवेल असर करता है, यह ज़रूरी है पहचान लेना की हम इंटरएक्ट करते वक़्त मानसिकता के किस (लेवेल)स्तर से बात कर रहें हैं,

हमारी परवरिश जिस तरह से होती है उसी स्तर की मानसिकता अपना लेते हैं हम।

किस तरह की झलक मिलती है हमारे बिहेव्यर से पार्ट्नर को हमारी –

- लापरवाह बेफ़िकर केवल अपनी और आज की चीजों के बारे में शॉर्ट टर्म गोल्ज़ हैं मेरे? कभी किसी और की ज़रूरत का ख़्याल आता ही नहीं बस अपने डिज़ाइअर के सारे खाने में पूरा हो गया के टिक मार्क लगाते रहते हैं?
- एक अति अनुशासन, समय व घड़ी की सूईयों से मिला कर हर कदम बढ़ता है मेरा और ख़ुदा ना करे आप ने मुझे लेट करवाया या मुझे आपकी वजह से रूटीन तोड़ना पड़े तो मेरा अपने ग़ुस्से पर क़ाबू ना रहेगा पहले से ही बताए देते हैं आप?

एक सुलझे हुये बैलेन्स्ड व्यस्क जैसी जो समय के अनुसार और ज़रूरत के अनुसार चलते हैं ना ज़्यादा ढील ना कम, टाइम टेबल और लाइफ़ स्टाइल दोनो ही ठीक चलता है।

इसके बारे में बहुत से मनोवैज्ञानिकों ने अपने विचार लिखें हैं।

मानसिकता हम वो अपनाते हैं जिसके साथ बचपन से सीखा है हमने की हमें रिवार्ड मिलता है, अपना सोचने और व्यवहार का तरीक़ा नोट करें और देखें

जैसे की क्या मैं बच्चों जैसा बेफ़िक्र हूँ,

क्या मैं अभिभावक जैसा सोच समझ कर या बहुत सख्ती से पेश आ के और रोब जता कर एक पिता की तरह या एक प्रोफेसर की तरह डांट - डपट कर बात मानने को बाध्य करता हूँ?

या फिर एक सुलझे हुए दिमाग़ से दोनों पहलूओं को मद्दे नज़र रखते हुए समयोचित जो ठीक निश्चय है वो लेता हूँ।

बच्चों जैसे बात बात पर रूठना या rebel जैसे व्यव्हार, बेफिक्र रवैया एक आशा रखना की मेरी care की जाए मेरी हर इच्छा पूरी की जाए, पैसा कहीं से भी लाओ, मुझे तो नयी ड्रेस चाहिए, पिक्चर और डिनर तो हफ्ते में एक बार बाहर होना ही चाहिए, बचाते ही रहेंगे तो क्या बुढ़ापे में खर्चेंगे?

फिर बात बात पर रूठ जाना और तब तक नहीं बोलना जब तक दूसरा आपको मना न ले, बात बात पर छोड़ के चले जाने की बात करना। उत्तरदाईत्व? वो क्या होता है?

ये सब जब जब रिश्तों में झलकता है तब एक बात और उस रिश्ते पर असर डालती है की दूसरा व्यक्ति जो कहता या करता है आप उसको किस नज़रिये से देखते हैं, कैसे भाव से सुनते हैं, कैसे interpret करते हैं उनकी बात और व्यवहार का क्या मतलब व अभिप्राय निकलते हैं? जैसा है, जैसा कहा है वही मतलब निकलते हैं या अपनी तरफ से उसमे 4 मतलब और जोड़ लेते हैं?

जैसे अगर किसी ने कहा "प्लीज ज़रा आज बाहर गेट पर ताला आप लगा देना "। को आप किस तरह से लेते हैं,

- ओके कह कर ताला लगा देते हैं,
- या बोलने से पहले ही समझ लेते हैं की आज पार्टनर बिज़ि है चलो मैं ही ताला लगा देता हूँ मुझे क्यूँ कहा ताला लगाने को ऐसा नहीं सोच कर सवाल नहीं करते, या
- फिर तीसरी संभावना है की आप इस बात को एक आदेश की तरह लेते हैं और तिलमिला उठते हैं और मन ही मन सोचते हैं मैं क्या नौकर हूँ? आप कौन हैं मुझ पर हुकम चलाने वाले?

ऐसी बातें जब होने लगें तो समझिए अच्छी भरी बसंत ऋतु जो चल रही थी सम्बन्धों के बीच उसमें पाला पड़ने लगा है सर्दियों सा। वही साथी जब पहले बात करता था तो उनकी बातें सुन कर लगता था गुलाबों की पंखुरिया झड़ रही है होठों

से, अब वही स्वर डांटता, सवाल पूछता, ताने देता स्वर कर्कश सा लगने लगा बर्फीली जमा देने वाली ठंडी हवा सा।

अंदर प्रेम का झरना जमना शुरू हो जाता है, जो बहाव किसी कल कल करते झरने जैसा था- इश्क़ का, वो ढक जाता है उनकी बेरुखी के एक बड़े से बर्फीले टीले की परत के तले।

बसंत की ख़ुशबू और रंग और कभी उदासियों के पतझड़ और फिर आती है सर्दियां चुप्पी वाला दौर और हर रिश्ता इन चार पड़ावों से बार-बार हो कर गुजरता है।

मैं तो कहूँगी की शादी तो क्या हर रिश्ता अलग अलग मौसम से कितनी ही बार हो के गुज़रता है। । हमारा आज जो एक्शन है वह डिपेंड करता है कि आजकल मौसम कौन सा चल रहा है हम दोनो के बीच उसी के अनुसार आचरण बदलना होगा।

थोड़ी उनकी थोड़ी आपकी

यदि आप एक दूसरे के प्रति बिल्कुल समर्पित हैं और एक दूसरे के लिए एक लता की कोमलता जैसे लचीले विचार हैं, कोई पत्थर की लकीर नहीं हैं आपके विचार आप वक़्त की नज़ाकत को देखते हुए रवैया बदलने मे झिझकते नहीं हैं रिश्ता बनाए रखने के लिए आप की कोशिश कभी कम नहीं होती तब तो रिश्ता और मज़बूत होता चला जाएगा।

लेकिन अगर बिल्कुल सूखे ठूंठ की तरह अपनी बात पर अड़े हुए हैं की टूट तो सकते हैं झुक नहीं सकते, भाई हर बार थोड़ी उनकी चलेगी जैसे विचार हैं आपके जिस को जो मानना है माने मैं बार बार नहीं मना सकता/सकती तो आप स्वयं विचार कर सकते हैं ऐसी मानसिकता के साथ रिश्ते का फ़्यूचर क्या होगा।

यदि ऐसा है तो कभी कभी तो ज़रूर ऐसा लगता है कि दो व्यक्ति अलग-अलग अपनी जिंदगी जी रहे हैं। अलग अलग ठंडापन लिए शिकायतों के ढेर तले न तो हमे अपने, अपने विचारों, अपनी चाहतों के इलावा कोई और दिखता है ना परवाह ही करते हैं। इस दुनिया में मैं ही मालिक हूँ, मेरा ही वजूद है।

इस समय दोनों के बीच दृष्टिकोण नेगेटिव होता है या होपलेसनेस का होता है, डिसकैरेजमेंट का होता है, फ्रस्ट्रेशन का होता है। इमोशन होती है कि बहुत ज्यादा

हर्ट होता है क्रोध होता है अकेलापन होता है फीलिंग ऑफ रिडक्शन होती है। बातचीत मैं बिलकुल भी नम्रता नहीं होती।

या आप एक दूसरे को पलट के बहुत तेज से बोलते हैं या फिर बिल्कुल बोलते ही नहीं है साइलेंट ट्रीटमंट देते हैं और ये चुप्पी एकाकीपन को बढ़ाती है।

हो सकता है की दोनों में गहरा संबंध है, गहरा प्रेम है पर कई बार गलतफहमियों की धुंध ढक देती है उस प्रेम को जो अब नज़र नहीं आता।

इस समय ज़रूरत होती है बीच में उसे संभाल के रखने की क्यूंकी जैसे ही रिश्तों में एक ज़रा सी बात पर नरम सी गरमाई वाली कोमलता आती है यानि किसी की माफ़ी से या कोई caring ऐक्ट के कारण वह जो बीज रूप प्रेम बचा है मन में फिर एक नई शुरुआत करता है, फिर आप हल्का-हल्का सा सहज साथ निभाना, बात करना शुरू करते हैं।

एक दूसरे के प्रति बहुत उदारता व नम्रता रहनी चाहिए कठोरता नहीं नरम दिल ही जीत का झंडा गाड़ते हैं एक दूसरे के मन में। जैसा की अक्सर मैं कपल्ज़ को कहती हूँ यू केन डिफ़र बट यू कैनाट डिस्रेस्पेक्ट

आप बिलकुल, बेशक वैचारिक मतभेद रख सकते हैं किंतु अनादर नहीं कर सकते ये बिलकुल बढिया रिश्तों के लिए उपयुक्त नहीं होगा।

जब आप से प्रेम हुआ था “ तुम्हें चाहेंगे, तुम्हें पूजेंगे, -- तुम्हें अपना खुदा बनाएँगे” वाले शायद गीत भी गाये होंगे। शुरू शुरू में दीवाना सा प्रेम था सब भला भला सा लगता है। शुरू में जितनी मेहनत रिश्ता जोड़ने में लगाई थी उसे बनाए रखने से अब हम बेपरवाह से हो जाते हैं। फिर कुछ दिनों बाद रोज़मर्रा की ज़िंदगी में असली रंग बाहर आ जाते हैं हमारे व्यवहार के।

दोनों को एक दूसरे की ताकत बनना है न की कमजोरी

कुछ ही दिनों में हम हर कोशिश बंद कर देते हैं एक अदब दिखाने की। सारी औपचारिकताएँ और गुड मैनर्ज़ हम बाहर वालों के लिए बचा कर रख लेते हैं और अपनो के लिए बचा हुआ क्रोध निग्लेक्ट और बैड मैनर्ज़ ले आते हैं।

कभी जब ज़िंदगी इम्तहान लेती है तो फिर हर कोई अकेला सा महसूस करता है क्यूँकि सम्बंध जोड़ के रखने में तो एफ़र्ट लगाया ही नहीं सारा ध्यान तो गेट ईवेन या फिर एक दूसरे को नीचा दिखाने के लिए या फिर अपना पक्ष समझाने में तो लगा था। अपनों को वक्त ही कहाँ दिया। खुद की ही शर्तें गिनवाते रहे। ज़िंदगी मुश्किल सी लगती है अपेक्षाएँ बढ़ती हैं एक दूसरे से, कभी कहते हैं कभी नहीं कहते हैं। साथ-साथ चलते चलते किसी भी रूप में ज़िंदगी में बदलाव आ सकता है।

दुनिया की प्रॉब्लम चलती है, जॉब या व्यापार की प्रोब्लम, परिवार की प्रॉब्लम चलती है जवान होते बच्चे होते हैं या बच्चे जब बड़े होकर घर छोड़ जाते हैं या फिर नौकरी छूट जाती है घर में किसी की मृत्यु हो जाती है यह रास्ता इकट्ठे अपने साथी के साथ काटना है,

हमको अपने आप पर भी काम करना है पार्टनर के साथ भी हमने नरमाई से पेश आना है बात ठीक से करनी है, क्लियर करनी है ताकि वार्तालाप या विचारों का आदान-प्रदान प्रेम को बढ़ाए ना की टकराव या कॉन्फ़्लिक्ट को।

आप ज़रूर डिफ़र कर सकते हैं पर डिस्रेस्पेक्ट करने से बचें

हमारे हर तरह के इमोशंज़ यानी की भाव हमें अलग अलग समय पर ज़रूर प्रभावित करेंगे उनपर हमें क़ाबू पाना है ताकि वो हमें अपने बस में कर के बिना कारण बात की बे बात ना बना दे।

हमारे बीच ज़रूर कभी ना कभी तो विचारों में मतभेद होगा अपना मत बिना दूसरे का मन दुखाए भी तो रख सकते हैं हम। जीवन एक साथ जीते हुए कई मुक़ाम, पड़ाव आएँगे और उस समय की अलग ज़रूरत होगी रिश्तों की दृढ़ता इसी समय तो काम आएगी।

आदर का भाव, प्रेम का भाव ये तो कभी भी कम न होने पाए।

6

एक रिश्ते की विभिन्न अवस्थाएँ मैं तुम और हम

अपने अपने घर में राजा बाबू और रानी बिटिया जब परिवार की आँखों का तारा बन कर जी रहे थे तो लगता की सब उन्ही के लिए जी रहे हैं . उनकी ख़ुशी में सबकी ख़ुशी, उनके ग़म में सबका ग़म, उनकी सारी ग़लतियाँ माफ़ .हाँ कभी ज़्यादा बात हो भी गयी तो प्यार से समझा दिया जाता था व सम्भाल लिया जाता था। , फिर आयी एक नई बाहर जीवन में, वो पहला प्रेम ले कर एक अनूठा सा रिश्ता बनने लगा तो पहले हुआ मिलना फिर

- समझना,
- साथ रहने के वादे,
- थोड़ा तुम बदलो थोड़ा हम बदलें, उनके व वहाँ के तौर तरीक़े सीखना
- उनके शौक़ और अपने शौक़ में सामंजस्य बिठाना
- धीरे धीरे से में तुम से हम होना
- परिवार को अपनाना। व अपनाए जाना उनके द्वारा।

हर पड़ाव की कुछ चाहते और कुछ जरूरतें होती हैं

उनमें से कुछ हम कर पाते हैं और कुछ नहीं भी हो पातीं।

जैसे की एक दूसरे के प्रणय सूत्र में बंधने के बाद शादी के बाद नए परिवार में मिल कर रहना, उनकी आदतों को रीति रिवाजों को समझना व अपनाना, परिवार जनों को जानना, अपना सुख दुःख बाँटने के लिए सहज महसूस करना।

समझिए और ऐक्सेप्ट और रेस्पेक्ट कीजिए एक दूसरे का पक्ष

जैसे नई-नई शादी के बाद पापा की प्यारी राजकुमारी राज दुलारी जब दुल्हन बन अपने ससुराल में रहने जाती है, ससुराल जा कर भी उसी लाड़ -प्यार की अपेक्षा करती है। सोचती है जो भी मैं करूँ मेरी तारीफ हो, अगर कोई गलती हो भी जाए तो कोई प्यार से समझा दे।

अरे ये क्या किया!!

जैसे सीमा ने बड़े शौक से मम्मी से सीख कर या किताब पढ़ कर, विडियो देख कर बड़ी उम्मीद से मेहनत से पूरा किचन का स्टोर अरेंज कर दिया दालों को लेबल लगा दिया। सजा के आशा करती है तारीफ़ की लेकिन यहाँ पर सुनने को मिलता है? आते ही सासु माँ ने बोल दिया "अरे ये क्या किया दस घंटे लग गए सूजी ढूँढने में को किसने हटाई यहाँ से?, भई ये डिब्बे वग़ैरह अपनी जगह पर ही रहने दो। " किचन का अरेंज्मेंट छोड़ो कुछ सीख लो पहले।

माँ जी तो कह कर चले गए एक बार भी नहीं कहा कि कितनी बढ़िया लग रही है अरेंज्मेंट पापा होते तो तारीफ़ों के पुल बांध देते, और साथ में इनाम देते सो अलग!

या फिर एक बार एक शिकायत ये भी सुनी है अक्सर हमने सेशन में की मेरी कभी अपनी सास से बनी ही नहीं वो टोकती रहती थी की राशन इतना ज़्यादा क्यूँ मँगवा लिया। पूछा तो उसने बताया में पाँच किलो का एक पैकेट दाल हर तरह का मँगवाती थी वो कहते थे इतना waste क्यूँ करते हो? जब बातों द्वारा बात उनके ध्यान में लायी गयी की दो व्यक्तियों के लिए इतना मँगवाने की ज़रूरत नहीं है जितना उन्होंने अपने मायके में माँ को मँगवाते देखा था वहाँ तो संयुक्त परिवार था २२/२३ व्यक्तियों का। उसने कभी पूछा ही नहीं ना ही सोचा की कितने आदमियों में कितना सामान लगेगा इसी लिए सास के समझांने को टोकना और ताड़ना समझ कर उनसे अलग हो कर रहने लगी। की हर समय नसीहत ही देते रहते हैं मेरा कोई भी काम इन्हें पसंद नहीं है।

और ऊपर से नसीहत दे दी जल्दी उठ कर सुबह ही नहा धो कर सारा काम समेट लेने की, हद्द हो गयी ऐसा तो मेरी अपनी माँ ने भी नहीं टोका कभी कह कर मुंह फुला लिया

पति से शिकायत की तो सुनने को मिला बच्चों जैसे बातें करना छोड़ दो वो बड़े हैं ठीक ही तो कह रहे हैं लेकिन दुल्हन को अच्छा नहीं लगता है कि उन्हें लगता है की वह मान नहीं दिया जा रहा, वो लाड़ नहीं मिल रहा, पीहर में तो लगता था की मुझ जैसा कोई है ही नहीं।

यहाँ तो सब बड़े रूखे और कडक मिजाज लग रहे हैं। या घर के नए तौर-तरीके नहीं मालूम होते हैं तो थोड़ा सा मन में डर लगा रहता है गलत ना कर दूं। ठीक तो कर रही हूं ना? मुझसे अच्छे से बात क्यों नहीं की वग़ैरह मन को रुआँसा महसूस करते विचार उठ खड़े होते। मन में खीज भी भर जाती है। वहाँ से चले जाने को मन करता है।

जब कभी कोई कह दे या पूछ ही ले की ऐसा क्यूँ किया या वैसा क्यूँ नहीं किया तो और ज़्यादा घुटन व बंदिश सी लगती है लगता है टोक दिया, बेइज़्ज़त कर दिया या फिर लगता है की इनको मेरी ज़रा भी परवाह नहीं इन्हें तो बस काम चाहिए।

बस पति को परिवार से अलग कर के ही दम लिया की अकेले रहेंगे जहां कोई रोक टोक नहीं होगी।

तारीफ़ और कदर दोनो ओर से होनी चाहिए। हर एक में अच्छी और बुरी दोनो बातें होती हैं। आप भी पहल कर सकते हैं किसी की, उनके परिवार की तारीफ़ कर के, उसे अपना बना कर, अपना समझ कर ज़िम्मेवारी निभाना। नए परिवार के तौर तरीक़े समझने और अपनाने में इतनी भी बुराई नहीं है की सब का मन दुखा कर अपनी ख़ुशी ढूँड़ें।

मैं केवल एक ही सवाल करती हूँ ऐसे क्लाइयंट और कपल्ज़ को की जिस को आपने अपना बनाया है उनके बिना ना जी पाने के दावे किए हैं उसपर अपना सब निछावर करने की क़समें खाई हैं उन्ही के परिवार को एक मौक़ा तो दे अपना बनाने के लिए।

जिस से आपने प्रेम किया है ये उनकी माँ हैं, ये उनकी फ़ैमिली है, उनके रिवाज व रीतियाँ हैं। यहीं से इन्ही से उन्होंने भी सब सीखा है अगर आप उन्हें अपना सकते हैं तो फिर परिवार के साथ ये हिचकिचाहट कैसी।

आप को जितना भी प्यार करने का दम भरते हो आपके साथी लेकिन माता पिता व परिवार की बुराई कोई भी नहीं सुन सकता।

थोड़े दिनों में औपचारिकतावश सुनने के बाद कान ही बंद कर लेंगे या लड़ाई का कारण बनेगा। आपका हर समय शिकायत करना उन्हें चुभ सकता है और वोह आपको ही अवोईड करना शुरू कर देंगे या फिर दोनो में से एक चुन लो भी कह सकते हैं।

एक मौक़ा तो दीजिए

- थोड़ा सब्र से काम लें
- थोड़ी समझदारी दिखाएँ
- एक मौक़ा दीजिए उन्हें आपको समझने का
- थोड़ी सी मेहनत करें उन्हें समझने में
- आप का परिवार है अब वो अपना बना लीजिए अपना लीजिए अपने साथी के परिवार को
- अगर कुछ वैचारिक अथवा भावनात्मक मतभेद एवं difference of opinion है भी तो उसे सुलझाएँ एक बीच का रास्ता ढूँडें जहां आपकी और उनकी दोनो की बात को समझा और महत्व दिया जाए।
- और ये तो बिलकुल भी ना भूलें की ये उनका परिवार है जिन्हें आप प्यार करते हैं जिनको अपने बिना शर्त स्वीकार किया है। तो बस परिवार व उनके जीने के तरीक़े को उनके रीति रिवाजों को भी समझना होगा ना की उनसे उलझना होगा जैसे की मैं पूछती हूँ
- क्या आपने जोड़ना है या तोड़ना है अगर ये बात शुरू से साफ़ हो तो फिर कोशिश भी उसी तरह से हम करते हैं नहीं तो हर बात में उल्टा ही सोच लेते हैं।
- जो बातें हम आसानी से ग़ैर अन्दाज़ कर सकते हैं उनको व्यर्थ का तूल नहीं देते। यानी चिंगारी जैसे ही महसूस हुई उसे हवा देकर बढाते नहीं वर्ण समझ का पानी डाल कर उसे बुझाते हैं

इनही छोटी छोटी सी बातों का ध्यान रखना, थोड़ा सा एफ़र्ट लगाना बहुत बड़ी नेमत बन सकता है प्रेम भरे जीवन के लिए

ज़रा सोचिए

- क्या है आपकी सोच व विचार उनके परिवार के लिए?
- कितनी बार बुरा लगा है उनका आपसे कुछ पूछना या कहना?
- आपने कितनी कोशिश की है उनको समझने की उनके कहने के पीछे रीज़न यानी कारण जानने की?
- कितने तैयार हैं आप उन्हें व उनके तौर तरीक़ों को अपनाने के लिए, कितना अलग है आपका और उनका lifestyle?
- कुछ कदम चलने के लिए तैयार हैं आप?

बात दोनो पार्ट्नर्ज़ को समझनी चाहिए कोशिश दो तरफ़ा होनी चाहिए ये भी समझना चाहिए की एक अलग परिवार से एक अलग वातावरण से अथवा अकेले उन्मुक्त तरीक़े से जीते जीते अब वो नए परिवेश में एंटर किए हैं उन्हें भी समझिए धीरे धीरे उन्हें ढलने का मौक़ा दें, आपके साथ सामंजस्य बिठाने का।

मुझे भी हक़ है

उन्हें अभी एक दूसरे की नेचर नहीं पता होती है, और उसे आती है बार बार मायके की याद या फिर अपने इंडिपेंडेंट पीजी की या अपनी नौकरी वाले फ्लेट की जहां वो कभी भी, कुछ भी करती थी/था कोई सवाल पूछने वाला या tags लगाने वाला नहीं था

- वो कब उठती है, कब सोती है,
- रात को कितने बजे लौटे? बाहर कितने पैसे खर्चे है?
- कितना कमाते हो? प्रमोशन क्यूँ नहीं माँगते।
- मायके कितनी बार जाती है?

- कपड़े कैसे पहनती है?
- पुरुष मित्र कितने है? आदि।

यहाँ पर तो आते ही कैद सा लगता है। नए तौर तरीके है मेरे तौर तरीकों से बिलकुल अलग! अगर इसी बात पर फ़ोकस रहेगा तो घुटन बढ़ती ही जाएगी, जी ना पाएँगे आप और साथ ही साँसें घुट जाएँगी प्यार की, प्यार की नन्ही कोंपलों की जिन्हें अभी पनपने का मौक़ा भी ना मिला

प्यार की बेल को बढ़ने व फलने फूलने के लिए चाहिए एक उन्मुक्त, हेल्थी, वातावरण,

कुछ बातों पर ज़रूर ध्यान दें

- क़ैद समझ कर नहीं वरन अपना सा बना कर रहा जाए तो बात बन जाती है।
- और अगर सचमुच विचार किया जाए तो समयोचित कार्य हर किसी को भाता है।
- हर जगह के क़ायदे क़ानून होते हैं, रूल्ज़ होते हैं।
- एक खेल भी खेलते हैं तो उसके नियमों का पालन करते हैं।
- जब आपने एक नया रोल अपना ही लिया है तो उसके नियम भी तो अपनाने होंगे वरना खेल ही ना खेलें।

एक नयी भागीदारी

ठीक समय पर उठना बैठना खाना सोना, आदि तो स्वयं के लिए भी फ़ायदेमंद रहता है फिर यहाँ तो अब आप एक टीम मेम्बर बनकर आएँ हैं आपके होने से पूरी टीम को और आपको उनसे फ़ायदा होना चाहिए तभी तो इस सम्बंध की सार्थकता हो पाएगी सम्भव।

दफ़्तर में भी बॉस को पूछ कर बात कर केवल लंच अथवा टी ब्रेक टाइम में फ़ोन किया जाता है या अपना काम किया जाता है ताकि आपके व्यवहार से संस्था

का जिसके अब आप एक मेम्बर हैं कोई काम ना रूके और ना ही दफ़्तर को कोई नुक़सान लगे।

तभी तो फिर आप बड़ी शान से अपने रेज़ूम में लिख पाएँगे ना अपनी अचीव्मेंट की लिस्ट? आपके वहाँ रहने से या आपके योगदान से कैसे वो संस्था ऊँचाइयों के शिखर पर जा पहुँची?

कैसे आपके योगदान से सब को व आपको ग्रो करने का मौक़ा मिला?

तो फिर इस नयी भागीदारी में कंजूसी कैसी?

रोल के प्रति कड़वाहट ना लाएँ मन में।

करना क्या है चाहते क्या हैं आप इस बात पर ध्यान लगाएँ।

क्या रिश्ता तोड़ दिया जाए? या इस पर काम किया जाए ये फ़ैसला तो आपने ही करना है

ध्यान रहे अहंकार वश या किसी इग्नोरेंस यानी अज्ञानतावश

कहीं छोटी सी बात के लिए एक बहुत बड़ी क़ीमत तो नहीं चुका रहे आप?

ज़िन्दगी खुशनुमा सी हो जाए

ज़िंदगी एक ख़ुशी से जीने की नेमत बन जाए इसके लिए अब दो ही बातें हो सकती हैं

- या तो वो धीरे धीरे सब समझ ले और अपने आप को जहां तक सम्भव हो वातावरण और नए तौर तरीक़ों में ढालने की कोशिश करे या फिर
- अगर सेटल होने में प्रॉब्लम लग रही है बिलकुल भी सम्भावना नहीं लग रही, बहुत ही ज़्यादा लग रही है डिफ़्रेन्स तो अच्छा है कि साथी से बात की जाए और एक बीच का रास्ता निकाला जाए ना की रूठ कर जाने की ठान ली जाए।

इस समय साथी अपने साथी को तसल्ली दे सकता है। स्टैंड बिसाइड पार्टनर कर सकता है।

- अपने परिवार के तौर तरीके समझा सकता है,
- प्यार से बात समझ सकता है और अपने परिवार के सदस्यों को भी अपने साथी और उसके परिवार वालों के बारे में समझा सकता है,
- अपने डिफ़्रेन्सेज़ को समझना और

एक ऐसा रास्ता निकलना जहां दोनो बिना अपमानित और नकारा महसूस किए जी सकें ज़िंदगी एक दूसरे के साथ ताल मिला कर।

क्यूंकी एक nursery से लाया हुआ पौधा भी नयी जगह जा कर समय लगाता है पनपने के लिए। वहाँ के वातावरण को अपनाने के लिए। इस समय एक समझदार माली उसकी पूरी देख रेख करता है, उसकी हर ज़रूरत को बड़ी तसल्ली के साथ पूरा करता है जब तक पौधा अपनी जड़ मजबूत कर के अब ध्यान फल और फूल पैदा करने की तरफ लगाने के काबिल न हो जाए।

इसी तरह नए नए जोड़ों को या किसी भी रिश्ते में घर या दफ्तर वाले या बाहर की दुनिया वालों के साथ जब भी रिश्ता जुड़े तो हमें याद रखना होगा यहाँ पर दो अलग अलग वातावरण में पले लोग एक रिश्ता बना रहें है सारी चीज़ें पसंद नापसंद, एक जैसी नहीं हो सकती।

विभिन्नताएँ, असहमति तो होंगे ही उनको समझना है। सलाह करनी है की इनके बावजूद रिश्ते को एक सही दिशा दे कर लंबा, देर तक टिका रहने वाला रिश्ता कैसे बनाया जाए।

पूरी बात सुलझा कर ही सोएँ

एक और खास बात मैं कपल्स (couples) को यह कहना चाहूंगी कि जैसी भी मर्जी लड़ाई हो जाए दिन भर में, कोशिश करें की कम से कम रात को सोने से पहले बात सुलझा ली जाये, एक दूसरे को मनाने की बात हो जाए। पूछ लिया जाये क्रोध क्यों आया है?बुरा क्या लगा है क्या? हो सके तो सारी कह देने में कोई बुराई नहीं है

हर किसी को ज़रूरत होती है कोई ये जताए की उन्हे उनकी ज़रूरत है, वो उनके लिए मायना रखते हैं।

रात को सोने से पहले सारे गिले-शिकवे एक दूसरे से खत्म करके बात करके माफी मांग के, या ई लव यू बोल कर सोए। बिना बोले मुंह फुलाकर पीठ मुड़कर मत सो जाइए, कम्युनिकेशन बिल्कुल बंद नहीं होना चाहिए इस से दूरी एक दूसरे के बीच में बढ़ती है। मन में ज़हर और पीड़ा व दिमाग़ में अशांति लिए सोएँगे तो अपना ही नुक़सान होगा।

सेहत ख़राब, रिश्ता कड़वा और जीवन सूना। इस से तो अच्छा है पूरी बात को सुलझा ही लिया जाए।

हो सकता है बहस हो जाए कोई बात नहीं बहस में मन का गुब्बार तो निकलेगा और सामने वाला भी जान सकता है की किस कारण से आपको बुरा लगा।

मैं अक्सर कहती हूँ कपल्ज़ को बोलें ज़रूर, मन में ना रखें अंदर ही अंदर सुलगते रहेंगे तो ठीक नहीं होगा समय समय पर मन की भड़ास को बाहर आने दें ज़रूर बताएँ क्या बुरा लगा किस व्यवहार से चोट व दर्द महसूस हुई।

जैसे प्रेशर कुकर समय -समय पर सीटी मार कर अपनी गर्मी व प्रेशर निकलता है -नहीं तो अगर अंदर ही रखेगा तो तो एक धमाके के साथ फटेगा टुकड़े हो जाएँगे उसके, दाल जली सो अलग यानी नुक़सान चंहु तरफ़ा, फिर तो बस टुकड़े ही समेटते रह जाएँगे, भूख भी शांत ना हुई उसका अफ़सोस अलग!

- तो ज़रूर मन के क्रोध और पीड़ित भावनाओं को व्यक्त कीजिए
- लेकिन साफ़ शब्दों में और बिना घुमाए फिराए पूरी बात बताएँ क्या बुरा लगा क्या चाहते हैं आप?
- और साथ ही ख़्याल रखना होगा की बात दूसरे का बिना निरादर किए की जानी चाहिए।

तो पड़ाव हमारे रिश्तों के हमें गुजारते हैं कई अनुभवों से

घर्षण से सुगमता की ओर जाते रास्तों से,

हर पड़ाव सुगमता से पार किया जा सकता है अगर मन में निश्चय हो की बना कर ही रखना है रिश्ता।

सोचो ज़रा

- आप आतंनिर्भर हैं या उनपर निर्भर हैं की interdependent हैं?
- आप care करते हैं की कंट्रोल करते हैं?

परवाह या नियंत्रण?

care यानी परवाह एवं देखरेख में प्रेम होता है बढ़ावा उत्साहित करना होता है

controlling यानी नियंत्रण में रखना में आप निश्चय करते हैं कितनी permission देनी है

जैसे बात काम नसीहत ज़्यादा में लगता है की आप चतुर और दूसरा बेवक़ूफ़ी कर रहा है

- ओहो इस तरह से मत सोचो पता नहीं हर बात का उल्टा ही मतलब निकल लेते हो।
- यार तुम दिल पर मत लगाया करो, ऐसे तो बात करना भी मुश्किल हो जाएगा
- पता तुम्हारी गलती क्या है? तुम ....वग़ैरह वग़ैरह
- ओहो तो इसमें मुह फ़ुलाने वाली कौन सी बात है तुम कर लो फोन अगर मैंने नहीं किया तो।

माँगे पर ही सलाह दें

नसीहत या जजमेंट सुनने के लिए नहीं आप का पार्टनर बता रहा है आपको सब कुछ, उन्हे ज़रूरत है कोई कि उनकी बात सिर्फ सुने। लेकिन ज़्यादातर हम बात कम सुनते हैं और सलाह ज़्यादा देते हैं।

नसीहत देनेवाले को लगता है वो उनकी परवाह करते हैं, caring हैं। पर दूसरे व्यक्ति को लगता है ये कंट्रोलिंग बर्ताव है। हमारे इस व्यवहार से, response से उन्हें लगता है क़ि हम समझ रहे है वो बेवकूफ़ हैं और उन्हे अक्ल नहीं है, उन्हे सलाह की ज़रूरत है।

- मोस्ट ऑफ द टाइम ज़्यादातर हर किसी की एक ही इच्छा होती है की उसकी बात सुन ली जाये पहले।
- और अगर वो मांगे तभी उन्हे सलाह दी जाए और
- अगर आप को सलाह देनी ही है तो पहले उनकी बात तो पूरी तरह से सुन लें, फिर पूछें क्या मैं आपकी किसी तरह से मदद कर सकता/सकती हूँ
- कई बार सिर्फ उनके पास बैठने से, उनकी बात सुनने से ही काफी फ़ायदा हो जाता है बड़ी तसल्ली सी हो जाती है की किसी ने पूरी बात तो सुनी।

जैसा की हम ने देखा हर किसी की ज़रूरत और प्रेम की भाषा अलग अलग है, तो हमें पता लगाना चाहिए की हमारे साथी को कब loved और honoured/ validated/appreciated महसूस होता है

7

आज़माएं रिश्तों को बनाए रखने के लिए कुछ ज़रूरी चीज़ें

रिश्ता जब भी डगमगाता है उसके पीछे कुछ ख़ास कारण रहते हैं जैसे की बातचीत बिलकुल बंद या फिर बदतमीज़ी से की जाए

पैसे के बारे में असहमति, एक सोचता है चमड़ी जाए दमड़ी ना जाए एक एक पैसे के लिए परिवार को ज़लील करता है या फिर उनकी भलाई के लिए बचाना है कह कर फ़्यूचर की फ़िक्र में अभी की ज़रूरतों को क़ुर्बान करता है

दूसरा सोचता है कल किसने देखा है आज तो खर्च लो दोनो ही इक्स्ट्रीम कर रहे है

जब प्रेम और सेक्स के बारे में ना तो ठीक से पता हों एक दूसरे की ज़रूरतें न हीं पूछी ना बताई गयी हों बस अटकलें ही लगाते रहे और सारा जीवन अफ़सोस में ही कटता रहे।

फ़िज़िकल intimacy के बारे में दोनो के विचार अलग तरह के हो सकते हैं

इन में से एक भी ख़राब होगा तो दूसरे पहलू भी खराब होंगे उन पर भी असर पड़ेगा

और साथ ही प्रेम, प्रशंसा, बिना शर्त स्वीकृति तीनों तो बहुत महत्वपूर्ण हैं ही इसके साथ चाहिए ट्रस्ट यानी विश्वसनीयता और आदर किसी भी रिश्ते कि लम्बी उम्र के लिए

आपके शब्द आपका व्यवहार असल में हमारा हर एफ़र्ट एक अप्रीशीएशन यानी की प्रशंसा व पुष्टि के भाव से किया जाता है। हम चाहते है हमारी प्रशंसा हो, हमें और हमारे व्यवहार को स्वीकृति मिले और हमें जी भर के प्रेम मिले तभी हमें रिश्ते की सार्थकता दिखाई पड़ती है और जीवन मधुर लगता है।

हम प्रशंसा और प्रेम तो करते हैं पर अगर हमारी अभिव्यक्ति से दूसरे व्यक्ति को ऐसा नहीं लगता तो इसका मतलब है कि कम्यूनिकेट नहीं हुआ। आप जैसा कहना चाहते है, आपका अभिप्राय अगर दूसरा समझ ही नहीं पाया तो सारा एफ़र्ट व्यर्थ हो जाता है, और ऐसा हमें भी लगता है कि दूसरों के व्यवहार से आपको आदर, प्रेम, प्रशंसा आदि का घाटा सा लगता है।

एक दूसरे से प्रेम जताने के लिए उनकी और अपनी प्रेम की भाषा जानना और समझना बहुत ही अवशयक है। प्रेम की भाषा यानि? भाषा मतलब एक शब्दों का या बर्ताव का तरीका जिसके द्वारा विचारों का और भावनाओं का आदान प्रदान हो सके, आपके एक्शन/behavior से या आपके शब्दों से साफ पता चले की आप क्या बताना चाह रहे है सामने वाले को। सब से ज़्यादा ज़रूरी है की कम्युनिकेशन उसको कहा जाता है की आप कहें और दूसरा उसे वैसा ही समझे जैसा आपका अभिप्राय है

तभी तो राधा रूठ गयी

राधा ने बहुत ही बढ़िया खीर बनाई। मायके में तो आज तक उसने किचन/रसोई का मुह भी नहीं देखा था। माता पिता की दुलारी बिटिया को जब भी दादी टोकती थी की बड़ी हो गयी हो थोड़ा घर का काम भी सीख लो, तो उनसे यही कहा जाता था, क़ि सीख लेगी अगर ज़रूरत होगी

एनजोय करने दो उसे अभी।

आज उसने youtube देख कर इतनी मेहनत के साथ पतिदेव के लिए एकदम perfect खीर बनाई है। पर ये क्या पति देव ने फटाफट खाना खाया फिर खीर भी खा ली, मुंह फोन की तरफ, आँखें फोन के मैसेज पर एक बार भी नहीं कहा की वाह कितनी स्वाद है।

शायद बहुत ही ज़रूरी काम होगा फ़ोन पर नहीं तो आते ही हैलो कहते हैं आज तो वो भी नहीं कहा। पर बेडरूम में पहुँच कर भी खीर का कोई ज़िक्र ही नहीं है। डार्लिंग हाउ वास यूअर डे? (how was your day)कह कर गपशप की और बस फिर ऑफ़िस को चल दिए।

आज़माएं रिश्तों को बनाए रखने के लिए कुछ ज़रूरी चीज़ें | 133

शाम आते आते लगा शायद चाय नाश्ते के टाइम फिर खीर की बात हो, वो टाइम भी निकाल गया तो मन बुझ सा गया, चेहरे की चमक जो अब तक कायम थी आशा लगाए अब कम सी हो गयी, उनके सुनाये हुए जोक पर भी नहीं हंसी तो पूछा गया, क्या हुआ बड़ी बुझी सी लग रही हो तबीयत तो ठीक है तुम्हारी?

खीर का फिर भी कोई ज़िक्र ही नहीं!!,

"सारी बाकी बची खीर उठा कर फेंक दूँगी और आगे से कभी कोई एफर्ट नहीं करूंगी "सोचते हुए बाहर की तरफ चल दी।

पति देव के फरिश्तों भी नहीं पता आज बीवी को हुआ क्या?

अभी तक भी पति भी बेपरवाही खल रही थी, बात कहते कहते पत्नी भावुक हो उठी थी।

मीटिंग कपल काउंसलिंग के लिए पति ने फिक्स की थी कि न जाने क्या हो गया है, लड़ती ही रहती है, ताने मारती, है सीधे मुंह बात ही नहीं करती वगैरह। इसे कुछ समझाइए।

दोनों को बारी बारी से अपनी बात कहने की हिदायत दे कर मैंने पत्नी से पूछा क्या कारण है?उसने कहा इस रिश्ते में अब वो नहीं रह सकती जहां किसी को उसकी परवाह ही नहीं है।

कोई मायना नहीं है उसका अब इस Unappreciated जगह पर रह कर साथ जीने का।

और तब उसने सारी कहानी कही, की बात खीर वाले दिन से शुरू हुई और आज तक यही होता है वो इतने शौक से dishes बनाती है कोई तारीफ़ का एक शब्द भी नहीं कहता।

पति हंस दिया और बोला मैं दो दो बार कटोरी भर के खा रहा हूँ तो अच्छी बनी है तभी तो खा रहा हूँ न? अब क्या हर निवाले पर बोलूँ कि अच्छी बनी है?

पति को लगता है कि दो बार खाई तो दूसरे को समझ जाना चाहिए अच्छी है, पत्नी को लगता है प्रशंसा बोल कर की जाए।

अब प्रेम की अभिव्यक्ति भी कई तरह की होती है कोई बोल कर करता है कोई ऐक्शंज़ द्वारा या कोई किसी और तरह।

अब इस केस में -पति देव ने खीर पूरी खा ली in-fact दो बार खाई। और उनकी तरफ से खीर का दो बार खाना और कोई नुक्स नहीं निकालना का मतलब है की खीर बढ़िया बनी है।

— माना भाई साहब, लेकिन इन नामुराद कानों का कोई क्या करे जो मुए सुनने को तड़प से रहें हैं घंटो से कि कोई तो कहे "भाई वाह क्या खीर बनी है ॥बनाने वाले के हाथ चूम लूँ मन करता है। " पर कहा किसी ने? नहीं कहा। इसका मतलब मैं इन्हे पसंद ही नहीं मेरे efforts की कोई परवाह ही नहीं।

जहां प्रशंसा की ज़रूरत एवं अपेक्षा है अगर वहाँ अपने शब्दों की कंजूसी की तो फिर सामने वाला अर्थ व्यर्थ ही निकल लेता है। मन ही मन कुढ़न और रिश्तों में दूरीयाँ बढ़ती जाएँगी।

बार बार पहली की सारी शाबाशी याद आती रहेगी और हाँ शायद गाना भी याद आ जाए - कोई लौटा दे मेरे बीते हुए दिन!

जहां मेरी कितनी क़दर थी कितनी चहेती थी मैं सबकी मेरी छोटी सी छोटी बात की कितनी प्रशंसा होती थी कितना फ़ख़्र महसूस होता था।

यही खीर कहीं मैंने मेरे मैके में बनायी होती तो फोन कर कर के माँ ने सारे मोहल्ले को बता दिया होता। फ्रेंड्स को सारी बात बताई होती कि अब बिटिया कितनी बढ़िया खीर बनाती है। कितना ख्याल रखती है अपने परिवार का आदि। और यहाँ ससुराल में बस खा कर चल देते हैं, मेरे प्रयास की, मेहनत की कोई कदर ही नहीं है। तो मैं चली अपने मैके।

ऐसा लगता है खीर ना हुई बारूद का पलीता हो गयी की जिसको खा कर तारीफ़ न करने की अवहेलना पति व परिवार के प्रति जंग का एलान हो गयी!!!

ध्यान तो देना ही होगा की उनके यानी की साथी के बारे में ज़्यादा से ज़्यादा जाना जाए। कुछ वक्त ज़रूर निकाला जाए उन पर और ख़ास तौर पर जब भी साथ हों तो फ़ोन को थोड़ी सी देर के लिए परे ही कर दें तो बढ़िया है।

आज़माएं रिश्तों को बनाए रखने के लिए कुछ ज़रूरी चीज़ें | 135

आख़िर ऑफ़िस का काम करते वक्त जब हम घर परिवार वालों को हिदायत देते हैं की डोंट डिस्टर्ब मी इन ऑफ़िस तो फिर घर में दफ़्तर के समय के बाद घर वालों के हिस्से के समय में ये दफ़्तर व दोस्त तो नहीं आने चाहिए ना?

खाना, उठना, बैठना, बतियाना या जो भी पल आप साथी के साथ है तो मन, प्राण व ध्यान उस वक्त केवल उनका अधिकार होना चाहिए। आप भी तो ऐसा ही चाहेंगे ना? की जब कोई आपके पास हो तो उसकी आँखों में आपकी छवि, उसके कानों में आपके शब्द, उसके समय पर आपका अधिकार हो? ऐसा ही दोनो तरफ़ अपेक्षाओं का सैलाब रहता है उसी सैलाब पर प्रेम की नैया डालिए और विचरण कीजिए प्रेम सागर में। अभिव्यक्ति और केयर की नैया नहीं है तो सैलाब उफान मारेगा और ले डूबेगा आपके सारे सपनों को जो संजोए बैठे हैं आप प्रेम रस में डूबने के लिए। तो समय रहते सम्भालिए अपने रिश्ते को।

सही अभिव्यक्ति एक दूजे के संग करना बहुत ज़रूरी है क्यूंकी हर रिश्ते की ज़रूरत का बहुत बड़ा हिस्सा होता है प्रेम की अभिव्यक्ति, प्रेम ही तो ढूंडता है हर व्यक्ति जब किसी हमसफर को चुनता है। तो अब जब एक हो गए, एक गठ- बंधन में बंध गए तो लगना तो चाहिए की उन्हे कोई प्रेम करता है किसी को है परवाह उनकी, वो भी किसी के लिए मायना रखते है।

हर व्यक्ति अलग अलग तरह से प्रेम को व्यक्त करता है और अनुभव करता है

अब इन मियाँ बीवी की कहानी में कोई भी गलत नहीं है न खिलाने वाला न खाने वाला बस सही कम्युनिकेशन नहीं हो पाया पति को लगा खा लिया, नुक्स नहीं निकाला तो मेरे एक्शन से पता चल ही रहा होगा की खीर अच्छी बनी है।

पत्नी को लगा तारीफ बोल कर करनी चाहिए कुछ बढ़िया सी उपमा दी जानी चाहिए। और इस पत्नी की तारीफ की ज़रूरत तो और भी बड़ी थी kyunki पैरेंट्स तो हर छोटी बड़ी की हुई चीज़ पे तारीफ़ों के पुल बांध देते थे यहाँ शी वास टेकेन फॉर ग्रांटेड किसी ने उसका मूल्य ही नहीं जाना।

दोनों को ही एफर्ट करना होगा अपने रेस्पोंस यानी की प्रतिक्रिया पर अपने व्यवहार व अभिव्यक्ति पर।

तो किसी का इजहारे इशक शब्दों से बयान होता है, किसी का किसी ऐक्शन या किसी और तरह से।

पहचानिए क्या है आपके साथी की प्रेम भाषा, उन्हे जानिए और नोट कीजिये उन्हे कब लगेगा की आप सचमुच उनकी परवाह करते है, आपको उनसे प्यार है।

जितनी कर्म और ज्ञान इंद्रियाँ हैं उतने ही तरीके हैं प्रेम की भाषा को कहने समझने और महसूस करने के

जैसे की किसी की मंशा है - तुम मेरे साथ मेरी आँखों के सामने रहो बस

तुम्हारे लिखे मैसेज मुझे कम से कम 3 बार तो मिलने चाहिए सुबह शाम और दोपहर, मेरी ही फोटो तुम्हारे पर्स में हो कार में हो screensaver की जगह हो,

मेरे कान तुम्हारी आवाज़ सुनना चाहते हैं

मेरी तारीफ किया करो जब कोई भी काम करूँ मैं तो मेरी सराहना करनी होगी नहीं तो मुझे लगता है की मैं तुम्हें पसंद नहीं

हर बार खाना खाते समय, ड्राइंग रूम की सजावट, बेडरूम की सफाई, बच्चों का होम वर्क माता पिता, ननद आदि का काम जो भी हो तुम तारीफ करो तो ही मुझे लगेगा तुम मुझ से प्यार करते हो

या फिर फ़िज़िकल अभिव्यक्ति किसी के प्रेम की भाषा हो सकती है यानी kinesthetic सेन्स की पूर्ति की जाए

मुझे तुम्हारा हाथ पकड़ना या मुझे आलिंगन में लेना, intimate होना बहुत ही अच्छा लगता है नहीं तो लगता है सिर्फ बातें ही करते हो प्यार नहीं करते तुम मुझ से।

या फिर कोई आपके काम में हाथ बटाए तो लगता है आपको उनकी परवाह है

अच्छा सुनो एक बात कहूँ - तुम से जब तुम किचन के काम में मेरा हाथ बटाते हो, कचरा बाहर फेंक देते हो, घर के सारे कम मे मेरी मदद करते हो तो मुझे ऐसा लगता

है मानो तुम मुझ से ढेरों प्रेम करते हो। वरना तो मुझे लगता है बस तुम तो मुझे इस लिए लाये इस घर में की कोई घर का काम करने वाला मिल गया। ज़रा भी रेस्पेक्ट और प्रेम फ़ील नहीं होता।

कई तरह से अभिव्यक्त किया जा सकता है प्रेम, प्रशंसा, बिना शर्त स्वीकृति, ट्रस्ट व आदर

- शब्दों से कह कर इज़हार हो
- उनके साथ काम में हाथ बटाया जाए
- कोई तोहफा दिया जाए स्पेशल मौके पर जनम दिन, सालगिरह पर या फिर वैसे भी सर्प्राइज़ दे सकते हैं
- एक दूसरे के लिए समय निकालना
- उन्हे छू कर, उन्हे चूम कर, उनके साथ फ़िज़िकल intimacy बढ़ा कर, पीठ थपथपा कर, या गले से लगा कर

एक बार ज़रूर एफर्ट करिए अपने साथी को समझने का की उन्हे क्या पसंद और नापसंद है। जी हाँ नापसंद का भी ख्याल रखना होगा नहीं तो अनजाने में ही आप उनका मन दुखा देंगे और उन्हे फिर प्यार की कमी सी लगने लगेगी और प्रेम का पौधा जो लहलहाना चाहिए नेगलेकटेड हो जाएगा।

तारीफ भी करनी है, हर समय गलती ही नहीं निकलते रहना। बैठ कर समझा सकते हैं, polite रह सकते हैं

अगर ध्यान दिलाया है बोल कर की दाल में नमक नहीं है, या कम ज़्यादा है। तो यह भी बोल कर बताना उतना ही ज़रूरी है की आज दाल बहुत ही बढ़िया बनी है। ऐसा ना समझें कि नुक़्स नहीं निकाला तो अपने आप समझ आ जाएगा तारीफ़ की है या बोल कर बताने कि क्या ज़रूरत है?

अगर गलत चीज़ बोल कर बताई जा रही है तो अच्छी चीज़ भी बता ही दें!

• हर बात बूझी नहीं जा सकती

कुछ बातें कह कर ही बतायी जा सकती हैं बिना बोले नहीं समझ आएगा। लम्बे अरसे से एक दूसरे के साथ रहेंगे तभी आपस में ताल मेल बैठा कर एक दूसरे की कही अनकही बात समझ पाएँगे। कुछ कुछ जानते हुए कुछ ही कपल्स इतने सुलझे होते हैं की एक्शन से ही समझ जाएँ की उनका साथी क्या कह रहा है वहाँ शब्दों की ज़रूरत ही नहीं पड़ती इतने क़रीब से एक दूसरे को समझते हैं।

जैसा कि शिव पार्वती के क़िस्से में दिखता है। एक बार सप्त-ऋषियों के सामने शिव से बहस कर बैठीं पार्वती, और अपनी बात पर अड़ी रहीं। और फिर शिव को गलत सिद्ध करने के लिए तपस्या करने गयी उत्तर ढूंढने। ध्यान जैसे ही लगा तो अनायास ही ज्ञात हुआ शिव ही सही कह रहे थे चलो जा कर माफ़ी माँग ली जाए।

लौट कर आयीं और पार्श्व में न बैठ कर उनके पाँव के पास बैठ गईं। शिव मुस्कुराए वो समझ गए पार्वती के उनके चरणों के पास बैठने का मतलब कि तुम सही हो और क्षमा याचना हो रही है। झुके और झट से पार्वती को उठा कर फिर से उनकी सही जगह -- पार्श्व में बैठा लिया। एक शबद भी आदान - प्रदान नहीं हुआ फिर भी वार्तालाप हो गया। क्यूँकि दोनो एक दूसरे को अच्छी तरह से जान चुके थे और अपने साथी की हर बात को -बात करने के ढंग को, भावनाओं को समझते थे, साथी के प्रति जागरूक थे।

वर्बल यानि शब्दों द्वारा, नॉन वर्बल अपने व्यवहार से बिना शब्दों के, या फिर बॉडी लैङ्ग्वेज यानि gestures से जैसे की भौहे सिकोड़ लेना, कंधे उचकाना, sarcasm, इत्यादि कैसे भी तरीके से हम कोम्मुनिकेट (communicate करते हैं अपने भाव एक दूसरे के साथ।

जब तक रिश्ते की गहराई न आ जाए और आप एक दूसरे को अच्छी तरह से जान न लें ज़्यादातर समय गलतफहमियाँ हो सकती हैं। शुरू शुरू में जब नींव बन रही है रिश्तों के महल की तो एफ़र्ट लगना ही पड़ता है नहीं तो ढह जाएगा एक रेत के टीले सा वो

तो अच्छा है आप समझ ही लें कि आपके कौन से शब्दों से या फिर व्यवहार से उन्हे लगेगा की आप उनसे प्रेम करते हैं, उनकी परवाह करते हैं।

आज़माएं रिश्तों को बनाए रखने के लिए कुछ ज़रूरी चीज़ें | **139**

उनकी और आपकी क्या ज़रूरत है। रिश्ते को बना कर रखने में किस बात का अधिक महत्व है? क्या चाहते हैं आप एक दूसरे से -- और आप क्या चाहते हैं

सोचो ज़रा

- क्या सब जानते हैं? आप अपने साथी व उनके परिवार के बारे में?
- क्या आप दोनों ने एक दूसरे से पूछा?
- क्या आपने जताया या बताया की आप उनको कितना चाहते है?
- अगर नहीं तो फिर देर किस बात की ॥ कह दीजिए न --

सुनना और कहना सीखें शब्दों को और बिना शब्दों की भाषा को और मजबूत बनाएँ अपना रिश्ता

"सबसे बड़ा उपहार जो आप किसी को दे सकते हैं,
वो है बिना शर्त प्रेम और स्वीकृति"

Brian Tracy

- ## बिना शर्त प्रेम और स्वीकृति unconditional acceptance

सोचो ज़रा

कितनी बार आपका आपस में झगड़ा हुआ

अलग -अलग दृष्टिकोण और पसंद को ले कर?

- क्या आप अपने साथी की पसंद नापसंद को जानते हैं?
- क्या आप अपेक्षा करते हैं की आप का साथी बिल्कुल आप जैसी पसंद -नापसंद वाला/वाली हो?
- क्या आप रूठ कर या समझौता समझ कर जी रहे हैं इस रिश्ते में?

बिना शर्त स्वीकृति

अपनी तरह से जीने की और दूसरों को स्पेस देने की स्वीकृति। अलग-अलग पसंद फिर भी मिलजुल कर साथ रहने के रास्ते निकले जा सकते हैं अगर चाहत हो साथ रहने की तो बात बढ़ाई नहीं जाती समझी जाती है।

एक बहुत पुरानी बात याद आ गयी।

घटना कुछ इस तरह से थी

अभी शायद आधा ही घंटा हुआ था ध्यान लगा कर बैठे हुए, सब ब्रेकफ़ास्ट का काम लंच की तैयारी सफाई वगैरह से फुर्सत जैसे ही मिली सोचा अभी लंच टाइम में काफी समय है एक डेढ़ घंटा तो आसानी से meditation हो ही जाएगा। बचपन से ही दिल और ध्यान इसी ओर लगा था घंटो बैठी रहती थी पढ़ाई खतम करते ही ध्यान करने, बस एक ही लगन थी प्रभु दर्शन।

अभी कुछ हफ्ते पहले ही ब्याह कर इस घर आई थी सोचा कुछ हफ्तों से ध्यान का रस नहीं लिया, लय टूट जाएगा, आज से शुरू करती हूँ, वैसे तो तड़के करती थी आज खाली समय देख कर जा बैठी थी बिस्तर के बीचों बीच ध्यान लगा कर।

तभी घंटी बजी दरवाज़ा खुलने की आवाज़ आयी फिर बेडरूम के अंदर आता पति देव का मुस्कुराता चेहरा नज़र आया - बेडरूम में ही चले आए थे, अपनी चाबी से दरवाजा खोल लिया था, सोचा था नयी नवेली दुल्हन अकेली होगी ज़रा जा कर साथ बैठ कर चाय पी जाए।

चौकड़ी लगा कर बैठी पत्नी को देख कर पूछा क्या कर रहे हो? कुछ नहीं कह कर शर्मायी सी ब्याहता नीचे उत्तर कर चपल पहन क़िचन की तरफ चल दी,

"meditation कर रही थी।

meditation? यह कौन सी उम्र है meditation करने की?

मैं तो बचपन से कर रही हूँ, और आप को क्या पता मेरी रूह की कितनी उम्र है?

युवा पति युवती को देख कर असमंजस में पड़ गया। वो तो सोच रहा था मैगज़ीन पढ़ रही होगी या रेडियो पर कोई रोमांटिक सा गाना सुन रही होगी, दो चार बातें प्यार की भी हो ही जाएँ चुराये हुए इन पलों में लेकिन यहाँ तो गंगा ही उल्टी हो गयी थी। बड़ी बहकी सी बात कर रही है, कहीं कोई प्रोब्लम तो नहीं है?उनका डॉक्टर दिमाग सोचने लगा।

चलो चाय पीते हैं कह कर मुस्कुरा दिया। लेकिन टोका नहीं, ताना नहीं दिया accept किया हाँ मेरी पत्नी थोड़ी सी अलग है, शौक थोड़े डिफ़्रेंट हैं, पर बुरा क्या है, और किसी का कोई नुकसान भी तो नहीं हो रहा।

दोनों ने ही एक दूसरे को स्वीकार कर समझदारी से जीवन यात्रा को आगे बढ़ाया, दुल्हन ने कोशिश की, कि अगर ध्यान करना है तो सुबह ही खतम कर लिया जाए बेकार क्यूँ किसी को परेशान करना। अपने गृहस्थ जीवन में और अपने भजन सिमरन में ताल मेल तो बिठाना ही होगा कह कर उन्होंने अपना टाइम टेबल उसी के अनुसार बना लिया।

पति ने भी दोबारा नहीं पूछा यह कौन सी उम्र है भजन करने की? उन्होंने पहचाना अपनी पत्नी की नीड़ को और स्वीकार किया पत्नी की पर्सनालिटी के इस पहलू को

आज शादी को 40 साल से भी ऊपर हो गए हैं इसी तरह हमेशा हर उतार –चढ़ाव के बावजूद एक दूसरे के differences को एक्सैप्ट करते हुए साथ साथ चल कर जीवन रथ को आगे बढ़ाया और बढ़ा रहें हैं।

किसी भी रिश्ते के लिए ज़रूरी है एक दूसरे को समझना और differences को एक्सैप्ट करना और आगे बढ्ने के लिए कॉमन ग्राउंड्स ढूंदना।

और एक ख़ास बात हमेशा याद रखिए की आपके मन में रिश्ता जोड़ के रखना है या तोड़ने की मंशा है?

और अगर इच्छा जोड़ के, बना के रखने की है - जब सोच ही लिया है क़ि हमसफ़र हैं तो एक दूसरे को बदल कर बिलकुल अपने जैसा बना लें ऐसा सोचने की जगह -उनको समझें, उनकी अलग पहचान, स्वभाव, व्यवहार का आदर करते हुए साथ में कैसे रहा जाए की प्लानिंग की जाए तो रिश्ता बहुत ही गहरा और अर्थपूर्ण हो सकता है।

हम भी तो दूसरों से अपेक्षा करते है की हम जैसे हैं हमें वैसे ही स्वीकार किया जाए, तो बस उन्हे भी वही स्वीकृति चाहिए। बिना शर्तों के स्वीकार कीजिये। डिफरेन्सेस को एक्सैप्ट कीजिये अपने साथी को समझिए एंड मेक यूअर लाइफ एनरिचेड़। अपने रिश्ते को समृदध व दृढ़ कीजिए। इसके लिए चाहिए आत्मसंयम। लाइफ़ आप अकेले नहीं जी रहे यहाँ सिर्फ़ आपकी ज़रूरतें को ही प्रार्थमिकता नहीं दी जा सकती एट द कॉस्ट ऑफ़ अदर्स। यानी यह नहीं ना हो सकता की आप की मौज मस्ती की क़ीमत परिवार चुकाए

• आत्मसंयम (self-control)

सारी ही इंद्रियाँ सुख की तलाश में इधर उधर बहक जाती हैं, खासकर के मन तो बहुत ही मचलता है। किसी भी आकर्षक व्यक्ति को देख कर मेल- जोल बढ़ाने के लिए लालायित हो उठता है। या फिर मन की बात सुन कर बस अपनी ही इच्छाओं को पूरा करने को चल देता है, वाक़ई में "दिल तो बच्चा है "वाली बात चरितार्थ हो जाती है। अक्सर कोई भी इंद्री हमें खींच लेती है स्वाद की ओर। चाहे वो आँखें हों, कान हो, जिह्वा हो, स्पर्श हो, आदि हमें क़ाबू कर ही लेता है।

लेकिन जब व्यक्ति आत्म - संयम सीख लेता है तो फिर मन डोले भी तो कदम रिश्तों की लक्ष्मण - रेखा पार नहीं करते, रुक जाते हैं।

इंद्रियो का सुख भी एक सीमा के अंदर रहते हुए ही भोगना चाहिए।

अगर हम घर में शांति बनाए रखना चाहते हैं तो एक सीमा तक ही उचित है इनका स्वाद लेना। नहीं तो अपच हो जाएगा और आपका व्यवहार किसी को भी नहीं हज़म होगा और जब बात बद हज़मी हो जाए तो हमेशा त्याग ही काम आता है

आइए चेक करते है हम इंद्रियों के बस में है? क्या विवेक द्वारा हम ने इंद्रियों पर संयम किया है।

क्या करते हैं हम अक्सर? क्या हमारे व्यवहार से ये सब झलकता है? पूरा या कुछ कुछ?

- दूसरों को उनका सम्मान न देना स्वयं केंद्रित रहना
- अपने मूड पर/क्रोध पर नियंत्रण न होना
- बस अपने ही सुख के बारे में सोचना
- जैसे बस बैठे हुए टीवी ही देखते रहना, बाकी सब चीजों को छोड़ कर, रोजाना बाहर जा कर खाना,
- पीना पिलाना बेहिसाब करने लगना, मज़ा जो आ रहा है या क़ाबू नहीं हो पा रहा
- दोस्तों की महफिल जमाई तो बस फिर बाकियों का ख्याल ही नहीं रहा की घर पर कोई इंतज़ार करता होगा
- मैं तो चली/चला/ज़रा unwind करने, कह कर चल देना क्लब की ओर या फिर stag/kitti पार्टी में ज़रूरत से ज़्यादा involve होना आप
- हफ्ते में 3 बार?
- महीने में एक बार? जाते हैं?

- कोई आउटडोर गोल्फ या hiking पर अक्सर अड्वेंचर व उत्तेजना की तलाश में घर से बाहर रहना
- और घर का सारा काम या घरवालों की बिना परवाह किए उन पर छोड़ जाना क्यूंकी आप को तलब लगी है मित्रों के साथ गोष्ठी करने की
- अगर लेट हो रहें हैं तो इत्तला नहीं देना " उँह समझ ही लेंगे" कहना
- अक्सर खाना कपड़े, बिल पेमेंट वगैरह की कोई परवाह नहीं ये काम तो औरों का है ना?
- बेहिसाब खर्चा बिना बजेट की impulsive ख़रीदारी करना बिना सोचे समझे होश में नहीं जोश में अपनी इछाओं की पूर्ति को प्रार्थमिकता देना।
- सिग्रेट शराब या अन्य शौक पर पहले खर्चा करना फिर उधार मांगना महीने का खर्च चलाने के लिए।

ऐसी गैर-जिम्मेदारी कहीं आपके जीवन का अंग तो नहीं?,
ये सब होगा तो रिश्तों को पनपने का चान्स कहाँ मिलेगा?

आत्म संयम बहुत ज़रूरी है क्यूंकी अब अकेले नही दुकेले है आप। आत्म-संयम का मतलब है लोभ, क्रोध, मद, मोह आदि पर क़ाबू। ये कभी पूरी तरह से रुक तो पाएँगे नहीं पर

अब बुद्धी को विकसित करना होगा की मन के बहाव में ना बह जाएँ।

इस चीज़ में मदद कर सकती है सैन्स ऑफ रेस्पॉन्सिबिलिटी, जब आप उतरदायितव समझते हैं तो आत्म - संयम में मदद मिलती है आप फिर केवल स्व केंद्रित ना रह कर दूसरों को भी ध्यान देते हैं।

• रेस्पोन्स्बिलिटी यानि अपनी ज़िम्मेदारी समझना

- कहीं मन में ऐसा विचार तो नहीं आता?
- सिर्फ़ मेरा ही ख़याल हो

- सब मेरी ही सेवा करें
- मेरी ही बात मानी जाए

समझना ज़रूरी है

अब मैं अकेला/अकेली नहीं हूँ, हम अब एक टीम हैं और ज़िम्मेदारी पार्टनर की तरफ, परिवार की तरफ, जिस समाज में रहते हैं उसकी तरफ, इन सब बातों को तो ध्यान में रखना ही होगा। ज़िम्मेदारी तो हर तरह के रिश्ते में है माता पिता हैं तो, बच्चे हैं तो, बुजुर्ग ग्रांड-पेरेंट्स हैं तो अलग, , चाचा, चाची, ताया ताई की अलग, और अगर कपल्स के बीच में ज़िम्मेदारी की बात की जाए तो वो अलग तरह की होती है।

इसी तरह जिस समाज में हम रहते हैं और जिस परिवार का हम हिस्सा हैं वहाँ जो रोल हम निभा रहे है उसके भी नियम है जिनका पालन सुगमता से हमें रिश्ते को सुखद बनाने में मदद कर सकता है।

एक परिवार में हर चीज़ की, हर काम की, ज़िम्मेदारी सिर्फ एक ही व्यक्ति की नहीं होती, की वो सबके हिस्से का काम उनकी जगह पर करता चला जाए।

लापरवाही और ग़ैरज़िम्मेदारी में काफ़ी छोटी-बड़ी चीजें आती हैं

- आपने फल खाए - छिलका वहीं फेंका और चल दिए मज़े से बिना सोचे की कोई फिसल भी सकता है या डस्टबिन नाम की भी कोई चीज़ होती है जिसका इस्तेमाल किया जा सकता है छिलके फेंकने के लिए -बस चल दिये बिना फ़िक्र किए!
- खाना खाया बर्तन वहीं की वहीं,
- कपड़े बेड पर,
- गीला तौलिया फर्श पर,
- undergarments भी वहीं इंतज़ार करते हैं पड़े हुए की उन्हे या तो बाल्टी में या वॉशिंग मशीन में डाला जाए धोने के लिए,

- हाँ धुले कपड़े अगर बाहर हैं तो बारिश आ गयी या धूप तीखी हो गयी इतवार का या छुट्टी का दिन होते हुए भी आप बाहर से उन्हे नही उठाएँगे!! क्यूंकी आज आप रेस्ट कर रहें हैं और बाकी दिन तो सवाल ही नही उठता घर के काम में हाथ बटाने का।

गलती आप की नही है पुराने जमाने में जब काम का बटवारा था तो एक बाहर जा कर जीविका कमाता था तो दूसरा घर की व्यवस्था करता था, ज़्यादातर लोगों ने अपनी माँ को भी ये ही करते देखा है बड़े होते वक़्त, घर-परिवार को सम्भालते हुए।

अगर हाँ, तो सपने में भी आपको इस बात का इल्म नहीं होगा की घर में काम करने की हाथ बटाने की आप भी उतनी ही ज़िम्मेदारी है। अगर नए नए माता पिता बने हैं तो बच्चे को सँभालने में आपकी भी उतनी ही ज़रूरत है रातको ड्यूटी करना, दूध पिलाना, बहलाना, नेप्पी बदलना।

एक व्यक्ति अकेला दिन और रात दोनों समय की ड्यूटी नहीं कर सकता, और अगर वो भी जॉब करते हो तो हाथ बँटाना आपकी इंसानियत के नाते भी मदद करना ज़िम्मेदारी निभाना बनता है।

अगर आप कर रहे हैं सब जिम्मेदारियाँ पूरी तो फिर मुबारक आपको।

नहीं तो एक बार सोच कर देखिये कि आप उनकी जगह पर होते तो आपको क्या लगता की ड्यूटि को किस तरह से बांटा जाये?

जिम्मेदारियाँ कैसे निभाई जाएँ

जैसे आप दफ्तर या बिज़नस की संभालते हैं बांटते हैं उसी तरह घर में भी, काम की और रिश्तेदारियों की ज़िम्मेदारी लेनी होगी, नहीं तो वहाँ दूसरे व्यक्ति के मन में रोष भरता रहेगा, ज्वालामुखी फटता रहेगा, मवाद बहता रहेगा, रोज़ रूखा- रूखा सा व्यवहार होता जाएगा या रिश्तों में ठंडापन बढ़ेगा और आप उसमें गर्मजोशी को तो ढूँदते ही रह जाएँगे।

रेसपोंसिबिल्टी लेना और समझना औरों की भी ज़रूरतों का ख़्याल करना। केवल अपने ऊपर ही ध्यान केंद्रित ना करना की बस मैंने अब जुटा दिया सब अब मेरी फ़रमाइश पूरी होनी चाहिए।

फ़रमाइयश हर स्तर की हो सकती है शारीरिक सम्बंध की, मानसिकता एक जैसे हो की, भावनात्मक स्तर पर पॉज़िटिव स्ट्रोक्स की। एक दूसरे की तरफ़ ध्यान दें, उनकी भी ज़रूरत समझें।

जैसा कि डॉक्टर John kappas का कहना है की सम्बंध बनाए रखने के लिए तीन चीजों पर ध्यान देना ज़रूरी है।

सेक्स, मनी, एंड कम्यूनिकेशन

कोई भी रिश्ता तभी बिगाड़ना शुरू होता है जब इन में से एक भी कड़ी कमजोर पड़ती है

आप दोनो की शारीरिक नीड(सेक्स)अलग अलग हो सकती है

किसी के लिए ये भी एक तरह की भूख है की सोच हो सकती है और उनकी ज़रूरत भी रोज़ की हो सकती है जिसके ना पूरा होने पर वो इन्सल्ट फ़ील करते हैं फिर बाहर जा कर इसे पूरा करते हैं और इसमें कुछ ग़लत नहीं समझते।

वोह बड़ी आसानी से सेक्स व प्रेम को अलग कर लेते हैं अपने दिमाग़ में।

और कुछ सेक्स को और प्रेम को एक ही नज़र से देखते हैं। उनके विचार ही ऐसे होते हैं की ये तभी सम्भव हो पाता है जब उसे ये फ़ील हो की उसे आप प्यार करते हैं उसके लिए वक्त निकलते हैं उसका ध्यान करते हैं, उसके फ़िक्र को समझते व साँझा करते हैं, ज़िम्मेवारी बाँटते हैं। सभी स्तरों में संतुष्ट होने पर ही वे शारीरिक सम्बंध बना पाते हैं नहीं तो उनके मन की कुंठा उन में यह हमबिस्तर होने का भाव आने ही नहीं देती।

कई बार तो इसी मुद्दे को ले कर शादी व रिश्ता तलाक़ तक पहुँच जाता है।

अक्सर ऐसे जोड़ो को एक दूसरे की सेक्शूऐलिटी के बारे में समझाना पड़ता है की हम सब की इस विषय में सोच और ज़रूरत अलग है।

एक युवा दम्पति डिवोर्स के कगार पर थे जब वह पहुँचे session के लिए। बहुत ही विस्फोटक वातावरण बन गया जब वह एक दूसरे की बात करने लगे कि अब क्यूँ नहीं हो पाएगा रहना एक साथ।

आज़माएं रिश्तों को बनाए रखने के लिए कुछ ज़रूरी चीज़ें | 149

दोनो एक ही बात सिद्ध करने पर तुले थे कि दूसरा मतलबी है, स्वार्थी है, वो सिर्फ़ अपनी ही डिमांड पूरी करवाने का प्रयास करते हैं। और इस तरह के मामलों में यह बात सामने आयी कि हो सकता है कि वे अपने पार्टनर की भावनात्मक ज़रूरत को ठीक से पढ़ ही नहीं पाए और केवल अपने सुख पाने पर ही ध्यान टिका है उनका।

पति को शिकायत थी कि यह मुझे शारीरिक सुख से वंचित रखती है। जब भी मैं घर आता हूँ इनके पास जाने की कोशिश भी करता हूँ तो यह मुझे बुरी तरह से लताड़ देती है, यहाँ तक कि यह मुझे फिज़िकली परे धकेल देती है। मुझे बहुत ही चीटेड फ़ील होता है की मैं इसका इतना ख़्याल करता हूँ और ये मेरे लिए इतना भी नहीं कर सकती। मूड नहीं है, पीठ दुःख रही है, सर दुःख रहा है, आज रहने देते हैं ही सुनता रहता हूँ। जब भी कमरे में आता हूँ इसका मुँह लटका ही होता है, मजाल है कभी मुस्कुरा कर बात भी कर ले उल्टा दुत्कार ही देती है।

पत्नी ने बताया शी फ़ील्ज़ निग्लेक्टेड द होल डे। पूरा दिन अकेली बैठी रहती हूँ, अकेले ही बच्चे को भी, घर को भी देखती हूँ, कोई बात करने को भी नहीं हैं। कहीं घूमने जाने को भी समय नहीं इक्कठे बैठ कर शायद ही हमने कभी खाना भी खाया हो, सुबह ही निकल जाते हैं और देर रात घर आते हैं। हर काम का हमारा अलग समय है। और तो और बच्चे के कारण ये एक बेडरूम में भी सोना नहीं चाहते कहते हैं की इनकी नींद डिस्टर्ब होती है।

पूरा दिन में मजाल है एक बार भी फ़ोन कर के मेरा हाल भी पूछा हो। ना कही प्यार का कोई एक शब्द ही बोलते हैं ना कोई आलिंगन ना कोई प्यारी सी बात, या पूछते भी नहीं मैं कैसी हूँ?कैसा रहा दिन मेरा?आते ही एक ही चीज की डिमांड होती है - मेरा मन नहीं करता कि ये मुझे छुएँ भी।

कितनी कम अक़्ल वाली बात करती है ये "पूरा दिन मैं काम पे रहता हूँ वो क्या अपने लिए शौक़ से जाता हूँ इनके लिए ये सारे सुख सुविधा उसी से तो आते [illegible] "आदि पति ने कहा। और ये मेरा ही इंतज़ार क्यूँ करती रहती है अपना मन भी [illegible] लगा सकती है?

पता लगा कि रात को लेट आते हैं खाना खा कर परिवार से बतिया कर मध्यर[illegible] के बाद कमरे में आते है और बस एक ही चीज़ की डिमांड करते हैं। कोई म[illegible]

नही, कभी पूछा ही नहीं मेरा दिन कैसा गया। पूरी रात और पूरा दिन मैं अकेले ही बच्चे को भी देखती हूँ।

पति देव को इतनी हैरानी हुई कि क्या बच्चे को पालने के लिए भी उन्हें मदद करनी होगी? क्या यह इसका काम नहीं है? मैंने इतना बड़ा घर और सारी सुविधा तो जुटा दी अब क्या रात को जाग कर बच्चे को भी देखूँगा? मैं तो कमरे में सोता ही नहीं, नींद ख़राब होती है मेरी और सुबह काम पर भी तो जाना होता है!

बहुत बढ़िया है परिवार की सुख सुविधा के लिए प्रयोजन करना पर इसके साथ एक और भी तो ज़िम्मेदारी है ना? वो है साथी के प्रति, उनकी भावनाओं के प्रति। उनको भी तो इंतज़ार है आपकी बातों का, आपकी प्रशंसा का। एक रूमानी सा एहसास तलाशती उनकी आँखें भी तो दिन भर आपके आने का, उनको बाहों में लेने का इंतज़ार करती हैं ना? फिर आपको भी तो एहसास कराएगा ना उनका व्यवहार एक प्यार सा।

मिलजुल कर ही गृहस्थ की चक्की चलती है -एक अकेला थक जाएगा, रुआँसा हो जाएगा फिर आप उस से कैसे इजहारे मुहब्बत की अपेक्षा कर सकते हैं?

इस वाक्या से दो बातें जो सामने आयी वो थी

एक दूसरे की ज़रूरत को समझें

े उन्हें ना तो एक दूसरे की सोच के बारे में पता था की दोनो की सोच सेक्स ारे में डिफ़्रेंट है दोनो की शारीरिक ज़रूरत अलग तरह की है। जागरूक ही

क दूसरे की प्रेम और आदर की ज़रूरत क्या है इस से दोनों ही नावाक़िफ़ और दोनो अपने साथी की प्रेम के प्रति उनकी ज़िम्मेवारी पर ज़्यादा ध्यान े थे ना की अपनी पर।

ाता था की वो(पाट्र्नर) अपनी ज़िम्मेवारी नहीं निभा रहे। एक दूसरे त को समझने की बजाए कुढ़ रहे थे। क्यूँकि उनके विचार व प्रेम के तरीक़े अलग-अलग थे

- दूसरी बात जो समझ आयी उन्हें वो था लैक ओफ़ कम्यूनिकेशन उचित वार्तालाप क्लीर कम्यूनिकेशन नहीं होगा तो बहस होगी, उत्तेजित होंगे, एक दूसरे को ना चाहते हुए भी हर्ट करेंगे और मुद्दा वहीं का वहीं।

  इसकी जगह पर अगर वो जान लें कि पार्टनर को क्या पसंद है, उनके किस ऐक्ट से उन्हें अच्छा लगेगा तो बात इस तरह से बिगड़ेगी नहीं। और पार्टनर को नहीं लगेगा कि दूसरा व्यक्ति केवल आत्म-केंद्रित है उनकी ज़रा भी परवाह नहीं करता/करती।

  कम्प्लेन करने की बजाए इस बात को वो अगर एक दूसरे से कुछ इस तरह से कहें जैसे कि

  पत्नी कह सकती है

- मैं आप का साथ मिस करती हूँ, मुझे आपके साथ बैठ कर बात करने में जो मज़ा आता था वो अब मौक़े कम होते जा रहे है।
- मैं चाहती हूँ क़ि बढ़ते बच्चे के सारे खूबसूरत पल हम साथ -साथ एंजोय करें।

हस्बैंड कह सकता है

- मैं दिन भर तुम्हें मिस करता हूँ बार- बार मन करता है फ़ोन करूँ या दौड़ कर लंच पर ही आ जाऊँ पर आ नहीं पाया।
- आयी रियली वांट की तुम्हें बहुत बढ़िया लाइफ़ स्टाइल दूँ इस लिए ज़रा आजकल काम में ज़्यादा बिज़ी हूँ बट आयी मिस यू।

बस इसी से पत्नी ख़ुशी-ख़ुशी पति के लौट कर आने तक बिना कुढ़न के दिन बिता सकती है, लेट आने को समझ सकती है, परिवार वालों को भी समय देना ऐक्सेप्ट कर सकती है और बड़े प्रेम और गर्म जोशी से आपका स्वागत कर सकती है।

एक दूसरे की तारीफ़ कर सकते हैं, अप्रीशीएट और वैलिडेट की आशा हर व्यक्ति को रहती है क़ि अगर कोई उसके काम को मान्यता दे, सराहना करे तो अच्छा लगता है। शिकायत नहीं वार्तालाप कीजिए।

ज़रूर बताएँ भी और जताएँ भी की आप कितनी कदर करते हैं उनके जुटाए सुख सुविधा की, मान व आदर जो आपको मिला है उनकी वजह से वो आपको कितने प्रिय है

क्रोध व गिला शिकवा बिना किए अपने उतरदायित्व को निभाना व दूसरों के प्रति अपने व्यवहार को संयंत रखना —

सुनने में आसान और करने में अत्यंत कठिन लगता है जब एक युधिष्ठिर की तरह वास्तविक जीवन में उतारना पड़ता है।

एक कथा है की पांडवों और कौरवों को पाठ दिया गया याद करने के लिए की सदा सत्य वचन ही बोलो। सबने याद कर के सुना दिया अगले दिन लेकिन

युधिष्ठिर ने लगातार एक महीने तक हर रोज़ हर बार एक ही उत्तर दिया - जी नहीं अभी पाठ याद नहीं हुआ। फिर जब सुनाया तो उनके गुरु ने पूछा इतना

सादा सा पाठ याद करने में इतना वक्त क्यूँ लगा?

तो उन्होंने उत्तर दिया "जी मैं इसे जीवन में उतार कर देख रहा था की वाकई में इसे कर पाऊँगा या मेरे लिए ये केवल शब्द ही बन कर रह जाएँगे?

हम भी जानते हुए भी कितने ही मौक़ों पर चूक जाते हैं फिर से प्रतिक्रिया कई बार चाहे-अनचाहे दूसरों को ठेस पहुँचाने वाली हो ही जाती है।

उस क्षण अपने आप को कठोरता से नहीं वरण कोमलता से आंकना है की हाँ मैं अभी पर्फ़ेक्ट नहीं हूँ अभी भी काम बाक़ी है। रोज़ बेहतर होता चला जाएगा।

कम से कम ऐसी घटना के बाद यह तो पता चल ही जाता है की अभी काम किस पहलू पर करना बाक़ी है और अगली बार हम फिर से कोशिश करेंगे और इस बार रेस्पॉन्स रीऐक्टिव नहीं प्रो-एक्टिव होगा।

हम एक बार तो ज़रूर सोचेंगे अपने व्यवहार व शब्दों का इस्तेमाल करने से पहले की ऐसा करने से किसी और के प्रति कोई अन्याय तो नहीं हो रहा और ये भी अब सोचेंगे क्या हम अपना दायित्व सचमुच निभा भी रहे है या केवल सोचते है की ऐसा कर रहे हैं।

बहुत से तरीक़े हैं अपने भाव यानी इमोशन पर कंट्रोल करने के लिए।

अगर हमने अपने इमोशन पर कंट्रोल पा लिया तो आचरण तो स्वाभाविक ही कंट्रोल हो जाएगा,

हमारे एक गुरु जी का कहना है साँसों का मन और मन का साँसों पर अधिकार होता है

बिलकुल ठीक है ये बात -हमारे विचार और धारणाएँ हमारे भावनाओं पर नियंत्रण रखती हैं और मन में जब भी विचार विचलित करने वाले अथवा क्रोध वाले होंगे आप नोट करें साँसे उखड़ी -उखड़ी सी चलने लगती हैं, जैसे ही आप प्राणायाम द्वारा अथवा ध्यान द्वारा साँसो को व्यवस्थित करते हैं चित्त शांत होता जाता है।

या तो हम अपनी सोच पर काम कर लें या फिर प्राणायाम, व्यायाम, आहार आदि से व्यवहार को बदलने की चेष्टा करें।

नहीं तो हमारा रिमोट परिस्थिति एवं किसी अन्य के हाथ में रहेगा वो जब चाहें हम पर हावी हो सकते हैं और हम रीऐक्ट ही करते रहेंगे दिल के क़ाबू में आकर दिमाग़ की तो सुनेंगे ही नहीं। और हमेशा हेल्पलेस, असहाय ही तो नहीं बने रहना है।

हमें हमारा रिमोट वापिस लेना होगा अपने पास हमारी भावनाओं एवं व्यवहार पर हमारा कंट्रोल होना चाहिए न की बाक़ियों का।

हम उत्तेजित क्यूँ हो जाते हैं?

क्या हैं हमारे triggers?

उन पर गौर करना होगा की इनका कारण क्या है इनका निवारण क्या है ढूँडा जाए और अपनाया जाए यदि हम कॉन्फ़्लिक्ट को रिज़ॉल्व करना चाहते है और बार -बार ग़लत बिहेवियर करके पछतावे से परे होना चाहते हैं तो दिल और दिमाग़ दोनों से काम लेना होगा औरों से अगर अपेक्षा करते हैं की वो अपना उत्तरदायित्व निभाएँ तो आपको भी निभाना होगा।

हम उनके बारे में तो पूरी लिस्ट तैयार करके बैठ जाते हैं की उन्हें ये नहीं करना चाहिए, वो नहीं करना चाहिए, अपने व्यवहार में ये अपनाना चाहिए पर ज़रा

शीशे का मुख अपनी तरफ़ मोड़ कर अपना भी मुआइना करना उचित होगा। हम भी तो ज़रा सोचें की जितनी हिदायतें हमने उन्हें दे डाली क्या हम वो सब निभा रहे हैं, हम ने कर लिया अपना और अपने बिहेवियर का अवलोकन एवं आँकलन? क्या हम वाक़िफ़ हैं अपने वीक पोईंट से?

सोचो ज़रा

- क्या आप जानते हैं कि आप को क्रोध क्यूँ और किस बात पर आता है?
- ठीक से व्यवहार न करने पर क्या नतीजा भुगतना पड़ता है?
- आपसी ज़बान व बर्ताव में मिठास कब वापिस आती है?
- कितनी बार आपने उनके प्रति अपने विचारों का अवलोकन किया?
- कितनी बार आपने उनके कई किए, ना किए कार्यों के कारण जानने की कोशिश की?
- कितनी बार आपने अपनी रेसपोंसिबिलिटी पर ध्यान दिया?

चार आश्रम और चार पुरुषार्थ

अगर हम नियमित किए गए को हमारे जीवन के चार आश्रम और चार पुरुषार्थ हैं आश्रम यानि जीवन को जीने की व्यवस्था। अगर चार हिस्सों में बाँट ले। तो

- पहला आश्रम ब्रह्मचर्य,
- दूसरा गृहस्थ,
- तीसरा वानप्रस्थ,
- और चौथा सन्यास।

सभी आश्रम पुरुषार्थ, संयम, निष्ठा, विश्वास, सत्य आदि पर टिके हैं

इन ही आश्रमों में मनुष्य चार तरह के पुरुषार्थ (एफर्ट्स) करता है जीवन के निर्वाह के लिए

धर्म, अर्थ, काम, मोक्ष

धर्म यानि ड्यूटी जिस क्षण जहां पर आप उपस्थित हैं वहाँ उस रोल में आपकी क्या ड्यूटी है? क्या धर्म है आपका?

जिस रोल में हैं जिस आश्रम में है वहाँ कि व्यवस्था आपसे क्या अपेक्षा रखती है, क्या आप वो निभा रहें है?

तो आप अपने पति धर्म, पत्नी धर्म, बॉस धर्म, माता, पिता धर्म, पुत्र पुत्री धर्म, बहू, दामाद धर्म आदि रोल्स में एक्सपेक्टेड धर्म का पालन कर रहें हैं। , सोचिए अगर सब अपने धर्म का पालन न कर के सिर्फ अपेक्षा करें की दूसरा करदे तो ठीक है - तो क्या व्यवस्था ठीक से हो पाएगी पर्सनल या प्रॉफेश्नल लाइफ की?नहीं ना?

पारिवारिक ज़िम्मेदारी के धर्म यानी duty को समझना और निभाना भी रिश्तों को मृदुलता से बनाए रखने में एक अहम भूमिका निभाता है।

अर्थ-सांसारिक सुख-सुविधा के साधन का संचय व उन का सदुपयोग करना उनके जुटाने वाले के प्रती आदर व कृतज्ञता रखना।

काम -यानी की कामना एवं इच्छा किस संयम के साथ आप इन्हें एक सीमा में रहते हुए पूरा करें, इच्छाओं की पूर्ति में ही ना जुटे रहें।

मोक्ष - फिर आत्म निरीक्षण और आत्म-उत्थान के लिए तैयारी का समय जब सब भोग लिया तो उनसे निर्लिप्त हो कर अब चार्ज बच्चों को देने का समय की आप अब अपनी अंतिम यात्रा की तैयारी करें।

अपनी responsibility यानी की ज़िम्मेवारी को समझना व निभाना एक ज़रूरी कड़ी है सम्बन्धों को जोड़ कर रखने में।

फिर एक सवाल स्वयं से

- समयोचित, आश्रमोचित उत्तरदायित्व का निर्वाह क्या हम कर पा रहे

अगर कर पा रहे हैं तब ही तो विश्वास जागेगा आपके प्रति की आप भरोसेमंद है पर विश्वास किया जा सकता है।

- विश्वास trust
- विश्वस्तनीयता credibility
- भरोसेमंद, Reliability
- आत्मीयता किस स्तर की intimacy

ज़िम्मेवारी के साथ साथ विश्वस्तनीयता भी साथ में रहना है तो विश्वास तो बना कर रखना ही होगा आप पर भरोसा किया जा सकता है भरोसा बहुत ज़रूरी कड़ी है सम्बन्धों को जोड़ कर रखने की। रिश्तों के स्वास्थ्य के बार-बार टेस्ट भी होंगे, परीक्षा किसी भी रूप में हो सकती है, चुपके से बिना पता लगे ही।

रिश्ते में कभी प्रकट कभी अप्रकट रूप में पाए जाने वाले ये कैन्सर की तरह फैल कर स्वस्थ टहनियों को घेर लेते हैं और उन्हें ठीक से काम ही नहीं करने देते। इन्हें कहते हैं

पंच क्लेश

पाँच तरह के कलेश

राग, द्वेष, ईर्ष्या, अविद्या, अस्मिता

...तों में अनजाने ही प्रवेश कर सकते हैं और रिश्तों की जड़ में घुन लग सकता है। ...र काम ना किया जाए तो रिश्ते कलह से भर जाते हैं। इन में से एक भी हावी ...ए तो बाक़ी तो बिन बुलाए मेहमान जैसे आ ही जाएँगे जीवन में।

...नुराग -मोह/attachment

...नि अनुराग कर लेना की मोह की पराकाष्ठा हो जाए और वो प्रेम एक ...नशिप यानी की मालिकाना रिश्ता हो जाए। जो अंकुश लगा देता ...पा लेने के लिए उसे अपने तक सीमित रखने के लिए आप कुछ भी ...का कारण है खो देने का डर और नतीजा होता है। ये किसी के ...म, बच्चे आदि के भी साथ इतना अटैच हो जाना की वो दुःख ...आँख से ओझल होना

बेबसी के आँसू, ब्लैकमेल, धमकाना, रूठना। जान पर बन आती है दूसरों की दूरी।

एक दूसरे के बिना अपना वजूद ही न हो।

हर समय प्रशंसा या उसके सामने ही बने रहो की इच्छा।

बस मुझ से बात किया करो, मेरे ही साथ हर प्रोग्राम बनाया करो,

मुझ से दूर एक पल भी न जाया करो,

किसी और से बात मत करो।

एक दम लता हो जाना जो बरगद को ढूँढती है सहारों के लिए।

अपना अस्तित्व छोड़ देना,

अपना होना न होना जोड़ देना दो शब्द प्रशंसा के साथ जो नहीं मिली तो जीवन निरर्थक लगना।

ऐसा मोह और राग कुछ इस कदर आपको दबोच लेता है जैसी की रस्सी से जकड़े हो आप या फिर चादर तले साँस लेने में मुश्किल महसूस करते हुए से लगता है। सफोकेट कर देता है ऐसा व्यवहार। मोह तो ठीक है जब सीमा में हो। पर एक दूसरे के जीवन में इस तरह से एंगेज हो जाना की दूसरा सोचने लगे कहाँ जा कर जान बचाऊँ अपनी ऐसा नहीं होना चाहिए।

एक दूसरे को अपनी बैसाखी नहीं साथी बनाना है।

ये रिश्ता एक बराबरी का रिश्ता हो, चाहतों का रिश्ता हो। एक दूसरे के साथ अपनी सम्पूर्णता बाँटने का रिश्ता हो। तुम्हारे बिना मैं बेबस हूँ वाला रिश्ता न बन के रह जाए।

अगर किसी व्यक्ति को आप कमजोरी बना लें अपनी तो एक माइनस एक हो कर ज़ीरो होते देर नहीं लगती आप शून्य, आपका अस्तित्व शून्य, आपकी दुनिया शून्य, आपका जीवन पथ, जीवन लक्ष्य शून्य हो सकता है। तो बताइए भला कोई शून्यता को कैसे बाँट सकता है?वो तो खुद ही भरने के साधन ढूँढता रहेगा/गी

रिश्तों में अगर अपनी- अपनी स्ट्रेन्थ/ताकत या स्ट्रॉंग पॉइंट्स ले कर जायें तो एक और एक ग्यारह हो जाते है। एक दूसरे को बैसाखी नहीं बनाना है जीवन पथ पर, एक दूसरे के संग कंधे से कंधा मिला कर जीवन रूपी रथ को खींचना है। तो मोह कीजिए अनुराग कीजिए पर उसे अपनी कमजोरी नहीं ताक़त बनाइये।

उन्हें उड़ने का पंख फैलाने का मौक़ा दीजिए अगर सचमुच आपसे प्रेम है तो वो कहाँ जाएँगे भला आप को छोड़ कर?और अगर प्रेम और परवाह नहीं है तो कितने भी अंकुश लगा लें वो पार कर ही लेंगे आपकी खींची लक्ष्मण रेखा।

इतना मोह ना कीजिए की अपना वजूद ही ना रहे, फिर तो वैसे भी आपका जीना दूभर हो जाएगा इस से तो पहले से ही अपने प्रेम में बैलेन्स लाइए। अपना आत्म विश्वास जगाइए, अपनी पॉज़िटिव कवालिटी पर ध्यान दीजिए, अपने व्यक्तित्व को निखारिए आकर्षक, संतुलित, विनम्र, दूसरों का ख़्याल रखने वाले सहयोगी पर्सनालिटी वैसे ही चुम्बक का काम करता है। अपने आप खिंचे चले आएँगे।

राग/मोह आवश्यकता से अधिक होगा तो साथ ही द्वेष भी आ जाएगा

द्वेष, ईर्ष्या,

- कुढ़न, जलन, डाह
- वो क्यूँ कहीं भी, कहीं भी जा सकते हैं?
- वो तो ऐसा नहीं करती?
- वो तो मुझे पूछे बताए बिना ही कितनी जगह दोस्तों के साथ जा आते है।
- मैं दफ्तर से आ कर अब घर की सफाई भी करूँ बाहर कचरा भी रखूँ बिल भी भरूँ राशन भी लाऊं,?

और दूसरा सोचता है

- अच्छा तो मैं क्या घर में बैठ के ढ़ोल बजा रही थी?

- बच्चों को स्कूल छोड़ा, नाश्ते से ले कर रात के खाने का बंदोबस्त, कपड़े, सफाई, कितना तो काम है घर का वो क्या पड़ोसी संभालते है?

- तुम तो लाट साहब की तरह आकर नहा धो कर रिमोट ले कर सोफ़े पर सज जाते हो की अब मेरी सेवा आव- भगत हो।

फिर ज़ोर से दरवाजा बंद किया जाता है या रिमोट ज़मीन पर फटका जाता है। रास्ते भर जो दफ्तर से आते वक़्त रोमैन्स आ भी रहा था की अब जा कर सनम के पास बैठेंगे, चकनाचूर हुये काँच की कचरों सा चुभने लगता है। क्या फायदा, अब तो शायद निभ न पाएगी। दो ही काम होते हैं जब होप टूट जाता है द्वेष के आते ही

या तो चुप्पी,

या भड़क जाना और अनाप शनाप बोलना और सोचना भी नहीं की शब्द शायद सुनने वाले के कान और सीने को छलनी करते चले जा रहे है।

क्यूँकि आप रोष में हैं और तब होश रहता ही कहाँ है की दो क्षण सामने वाले के जवाब की प्रतीक्षा भी करें। लेकिन ऐसा होता नहीं की उनकी भी सुन ली जाए। अविद्या के कारण आप उलझ जाते हैं इस युद्ध में

अविद्या

अविद्या जिसे Buddhism में incorrect understanding कहा गया है।

आप अनभिज्ञ हैं दूसरे व्यक्ति की और परिस्थिति के सत्य से और स्वयं ही अनुमान व अटकलें लगाते हैं उनके बारे में और उसी के अनुसार व्यवहार विचार व भाव बना लेते हैं। या तो पहले से ही बनायी गयी धारणाएँ या फिर नए ग़लत अनुमान दोनो ही विचारणीय हैं व प्रशन चिन्ह लिए सही प्राय को तो सोचती भी नहीं हैं। जब की अगर अविद्या पर काम ना किया जाए तो बाक़ी प्रॉब्लम तो साथ आएँगी ही।

आप जानते भी नहीं और पूछते भी नहीं क्यूँकि दम्भ के कारण अस्मिता सर उठाए बीच में जो आ जाता है।

अस्मिता (बस मेरी ही बुद्धि काम करती है)

जब होश ही नहीं रहता की सामने वाला भी ठीक हो सकता है, ज़रा सी उसकी भी बात सुन ली जाए, बार बार एक ही बात को दोहराते रहते हैं स्वयं को ही बुद्धिमान समझ बैठते है की मुझ से अधिक कोई जानता ही नहीं। बात बिगड़ते- बिगड़ते बतंगड़ बन जाती है। दोनों अपने आप को ही बुद्धिमान, अपने आप को समझदार सिद्ध करने के लिए, अपनी अपनी बात पर अड़े रहते हैं और नतीजा होता है या तो debate या फिर सुई पटक सन्नाटा। (पिन ड्रॉप साइलेन्स)

क्यूंकी अब रिश्ते में आ पहुंचे हैं 5 तरह के कैंसर

- शिकायत तुम्हें मेरे लिए वक्त ही कहाँ वग़ैरह
- प्रतिस्पर्धा। क्यूँ तुम ले सकते हो तो मैं क्यूँ नहीं?
- चैलेंज अच्छा? मैं कर के दिखाऊँगा
- Criticism दो पैसे की भी अक़्ल नहीं है तुम्हारी
- होड़ contending मुझ से ज़्यादा इसके अड्मिाइरर?

तो फिर प्रेम तो खिड़की से बाहर छलांग लगा कर फुर्र से उड़ ही जाता है!

बात बात पर ताने देते हैं या फिर प्रेम से वंचित रखना शुरू हो जाता है।

जब की सीधी बात कही जाए तो वो यह है की

हम को अपनी इज़्ज़त व उन्हें अपना प्रेम

किसी भी रिश्ते में खास कर के जोड़े के बीच में पुरुष को सबसे अधिक अपनी इज्ज़त ना होना बहुत अखरता है।

हर ज़ोर से कहा हुआ शब्द, हर बताई हुई चीज़ में टोक देना, ताने देना आदि को वो अपनी इज्ज़त पर सीधा अटैक समझता है। और निरादर महसूस होता है। जब बातें चाहे आपने सारी ठीक ही बोली हों पर कहने का लहजा, आपकी आवाज़ का अंदाज़

उनके लिए उसका मतलब ही बदल डालता है और बात को सुनते वक़्त उन्हे फील होता है उन्हे बेइज़्ज़त किया जा रहा है, उनके कान अपने आप बंद हो जाते है। वो बात को सुना -अनसुना कर देते हैं, इधर-उधर चल देते हैं।

या तो अब वो घर आने में आनाकानी करते हैं आपसे बचते फिरते हैं, उन्हे लगता है की अगर बात की तो फिर से उनकी इज्ज़त का फजीता हो जाएगा।

ओर इधर मैडम को उनके व्यवहार से शिकायत है क्यूँकि उन्हें लगता है उनकी किसी को परवाह ही नहीं। कोई भी उन्हे पसंद नहीं करता, प्रेम नहीं करता उन्हे।

"अगर मुझ से प्रेम होता तो क्या मेरी बात का बुरा मानते?"

मेरी बात एक ही बार में ना सुन लेते?

बात बात पर दूसरों का उदाहरण ना देते, मेरी तुलना नहीं करते,

और न ही हर बात पर इतना बड़ा लैक्चर देते।

उठ के चल ना देते।

कभी तो मुझे मनाते, कभी तो मुझसे पूछते मेरा मूड क्यूँ खराब है, मैं उदास क्यूँ हूँ?

चलो मैं भी इनके जैसे ही कर के दिखाती हूँ

जैसे जैसे चैलेंज, प्रतिस्पर्धा शिकायत, होड़, लगाएँगे दोनो ही साथी हार जाएँगे अगर एक दूसरे को दिखाते रहेंगे की ज़्यादा बुधिमान कौन है

बुद्धिमानी तो बना कर रखने में है ना की तोड़ने में ऐसा रिश्ता और व्यवहार हो की किस को भी निरादर अथवा प्रेम की कमी महसूस ना रिश्ते में।

प्रेम का इज़हार व आदर

स्त्रियाँ को प्रेम का इजहार चाहिए और पुरुष को आदर चाहिए, की मेरी भी कोई इज्ज़त है।

कई बार अनचाहे अनजाने में हम सखियों के साथ, ननद के साथ, भाभी के साथ, मम्मी पापा के साथ, अपने साथी की बुराई कर ही बैठते हैं और उनकी इज्ज़त जो

हमें सब के बीच बना के रखनी चाहिए हम ही उतार देते हैं और हैरान होते हैं, गुस्सा मानते हैं जब कोई दूसरा उनकी इज्ज़त नहीं करता और अपने आप को भी हम उनके बारे में गुस्सा आते ही कितने बुरे बुरे नाम और टैग्ज़, लेबल लगा देते हैं, और वो सीधा हमारे अवचेतन मन में जा बैठता है।

अवचेतन मन बड़ा ही वफादार है, एकदम सहेज कर हर फ़ाइल सँजो कर रख लेता है और उसे क्यी हज़ार गुना की ताकत दे देता है। इसी लिए जो पिक्चर और भाव उनके प्रति रहते हैं, वो हमारे विचार और व्यवहार पर असर करते हैं। जब भी वो हमारे सामने आते हैं वही हमारे शब्दों पर हावी हो जाते हैं, और हम उन परिभाषाओं को सच मानना शुरू कर देते हैं जो क्षणिक आवेश में आ कर हमने ही उन्हे दे डाली थी, और उसी लेबल के साथ हम उनकी हर बात को देखते हैं, और उस लेबल से जुड़ी भावना धर पकड़ती है। इस समय ना तो आत्म संयम रहता है, ना ही रहता है आदर उनके प्रति।

उतरदायतिव की अपेक्षा एक दूसरे से करते हैं और बिना शर्त प्रेम करने की तो बात दूर दूर तक नहीं दिखाई देती, हर पल एक शर्त के साथ ही आदान - प्रदान होता है।

जो शादी हुई थी मंत्रोचार के साथ, सप्त -पदी, साथ मिल कर सात कदम चल कर के जो सात कसमें खाईं थी धन, धान्य, सुख समृद्धि, परिवार, मित्रवत व्यवहार आदि की। साथ रहने की क़सम एक दूसरे की ताक़त बनने की क़सम वो तो याद ही नहीं रहती उनसे उलझते वक्त।

भाँवरें फिर लेने के उपरान्त सप्तपदी की जाती है। सात बार वर-वधू साथ-साथ कदम से कदम मिलाकर फौजी सैनिकों की तरह आगे बढ़ते हैं। सात चावल की ढेरी या कलावा बँधे हुए सकोरे रख दिये जाते हैं, इन लक्ष्य-चिह्नों को पैर लगाते हुए दोनों एक-एक कदम आगे बढ़ते हैं, रुक जाते हैं और फिर अगला कदम बढ़ाते हैं। इस प्रकार सात कदम बढ़ाये जाते हैं। प्रत्येक कदम के साथ एक-एक मन्त्र बोला जाता है।

यह हैं

- पहला कदम अन्न के लिए,
- दूसरा बल के लिए,

- तीसरा धन के लिए,
- चौथा सुख के लिए,
- पाँचवाँ परिवार के लिए,
- छठवाँ ऋतुचर्या के लिए
- और सातवाँ मित्रता के लिए उठाया जाता है।

विवाह होने के उपरान्त पति-पत्नी को मिलकर सात कायक्रैम अपनाने पड़ते हैं। उनमें दोनों का उचित और न्याय संगत योगदान रहे, इसकी रूपरेखा सप्तपदी में निधार्रित की गयी है।

मुक्त ज्ञानकोश विकिपीडिया से wikipedia

लेकिन जैसे ही शब्द-संग्राम शुरू होता है या फिर emotion हावी होता है किसी बात पर ये सब तो भूल ही जाता है लगता है शादी के समय जो कसमें खाई थी, जो वादे किए थे बेवजह ही कर लिए या वो निरर्थक से लगते हैं।

पर क्षणिक आवेश में हम एक दूसरे के प्रति अपनी ज़िम्मेदारी नहीं भला सकते ना ही उसे अनदेखा कर सकते हैं। हमारी duty/धर्म एवं कर्तव्य क्या है हमें याद रखना होगा। जो रिश्ता आँखें खोल कर स्वेच्छा से बनाया गया है, बनाते वक्त हमें अपने सारे विचार व पोईंट स्पष्ट करने चाहिए थे। अब तो उसे निभाने के साधन पर ध्यान देना होगा। बार बार हम डिगेंगे लेकिन बार-बार हमें कोशिश करनी होगी

रिश्तों के ये सप्त पड़ी इनकी भी continued education होनी चाहिए हर महीने। या फिर इन्हे लिख कर मढ़वा कर फ्रेम करवा कर सामने दीवार पर टांग लेना चाहिए। ताकि आते जाते इस पर नज़र पड़े और एक रिवीजन सी होती रहे। एक दूसरे को आदर, सम्मान व प्रेम, देना है इतना तो ख़्याल रखना ही होगा व्यावहारिक लेन -देन में।

जब प्रेम ही कर लिया तो फिर शर्त कैसी?

बिना शर्त स्वीकृति unconditional acceptance

बिना शर्तों वाली व्यवहारिकता हो ही नहीं पाती। वहाँ तक पहुँचने में बहुत मेहनत, बहुत चाहत चाहिए। हम अधिकतर रिश्तों में शर्ते रख ही देते हैं और जब वो उस पर पूरे नहीं उतरते तो फिर धीरे धीरे रिश्ता टूटने की कगार पर पहुँचने को आ जाता है। हम आपके लिए यह करेंगे अगर आप हमारे लिए वो करोगे आदि की शर्तें शुरू हो जाती हैं एक व्यापारिक लेन देन की होड़ शुरू हो जाती है। और

एक कवि की पंक्तियाँ याद आ गयी - कुछ इस तरह से कहा है उन्होंने

"होर ते सानु पता नहीं यार जेड़ा शर्तां ते किता जावे - ओ प्यार नहीं व्यापार है यारा"

प्यार में बात ऐक्सेप्टन्स, और अप्रीशीएशन और वैलिडेशन की ज़्यादा होती है। जैसे जैसे इनका उपयोग करेंगे रिश्तों सदृढ व मृदु होंगे।

और अगर ये नहीं तो फिर बार - बार व्यवहार में अधिकतर कई ऐसी चीजें झलकने लगती है जो बताती हैं कि रिश्ता सम्भालने पर अब ध्यान नहीं दिया तो शायद बहुत देर हो जाएगी, चलिए बात करते हैं वो क्या है ऐसी चीजें जो रिश्तों को सम्भाल कर रखने में सहायता करती हैं

कुछ ऐसी चीज़ें जो बताती हैं की अगर नहीं संभले तो रिश्ता खतम ही समझो

- बिलकुल बातचीत बंद कर देना –

  ये सोच कर की कहने का फायदा क्या है? एकदम चुप्पी साध लेना, तब सामने वाले को भी बुरा लगता है और सोच आती है - मैं क्या मूर्ख हूँ, बेवकूफ़ हूँ की मेरी बात का जवाब ही नहीं देते बस मुँह ताकते रहते हैं या फिर पीठ मोड़ कर चल देते हैं।

  ऐसा नहीं करना है बात करनी है स्पष्ट बताना है क्या अच्छा लगा क्या बुरा। बहस के डर से चुप्पी बना लेना भी उत्तर नहीं है किसी समस्या का। प्रशन पूछिए अक्सर देखा गया है की लड़ाई और बहस के बाद काफ़ी बादल छंट जाते हैं मन का ग़ुबार निकल जाता है और मन की बात कह देते हैं।

  चुप्पी भी सोच समझ कर सही वक्त पर इस्तेमाल करें। जब बहुत अधिक के कारण आप खो बैठते हैं तो लम्बी साँस लें, पानी पीजिए या थोड़ी देर उस

चित्र को आँखों के सामने लाएँ जब उनके आते ही आपके चेहरे पर रौनक़ आ जाती थी।

ग़लत हो जाता है चुप्पी वहाँ दिखाना जहां उत्तर की अपेक्षा की जा रही हो। दूसरे को बेज़्ज़त सा महसूस होता है। आप प्यार से, आदर से भी तो दिस आगरी कर सकते हो।

चुप्पी नहीं करेक्ट व इफ़ेक्टिव कम्यूनिकेशन सीखिए। असर्ट करना, हेल्थी बाउंड्री बनाना, स्पष्ट शब्दों में सही विचार प्रकट कर पाना सीखिए।

- आज की बात के बीच पुरानी सारी बातों का पुलिंदा थोप देना

आज और अभी जो बात हुई है मसला वहीं तक रक्खा जाए तो बेहतर है। कई बार हम आज की बात में पिछले सारे अनकहे पुराने गले शिकवे शिकायतें ले आते हैं और एक लिस्ट सी बना डालते हैं सुनते वक्त जिस से की सुनने वाले को लगता है की उन्होने गलती कर दी बात शुरू करके।

आज की बात का मुद्दा तो अनसुलझा रह जाता है, बात कहीं और ही चल देती है तुमने उस वक्त ये कहा था, तुमने तब ये नहीं किया था, तुम तो शुरू से ही ऐसा चाहते थे वग़ैरह।

आज की बात तो बीच में ही रह जाती है पुराने क़िस्से हरे हो उठते हैं और साथ ही उफान मारती हैं उनसे जुड़ी भावनाएँ जो शायद समय के साथ और ज़ोर पकड़ चुकी होती हैं। तो बस फिर मुंह से आग ही निकलती है या फिर मैं बेचारा/बेचारी वाला हताश आहत बली का बकरा वाला भाव मुँह पर झलकने लगता है और इंतज़ार करता है कि कोई आए और उसे बचाए।

दोनो एक बार फिर भावनाओं के दरिया में गोता खाने लगते हैं।

- अंदाज़ा लगाना

हाँ मालूम है आगे से तुम ये ही बोलोगे न? बोलने वाले से पहले उसकी बात का अंदाज़ा लगा कर प्रतिक्रिया कर बैठते हैं। यहाँ पर ज़रूरत है ठंडे दिमाग़

से सोचने की -यानी की एक लम्बी गहरी साँस ले और छोड़ दें फिर सोच समझ कर के उत्तर दें पूरी बात सुनने के बाद। पूरी बात ही नहीं सुनते और न कहते है। सोचते हैं की अपने आप ही समझ जाएंगे शायद। जब नहीं समझते तो तानों की बरसात।

तो फिर यह सब तो unconditional acceptance नहीं हुआ ना?यह तो मोल भाव हो गया कि पहले का खाता खतम करो तो आगे बढ़ेंगे और बहस में उलझ जाते हैं या फिर चुप्पी साध लेते है। यह सब आसार हैं की रिश्ता कुछ ही दिन का मेहमान है अब बस। एक सफल रिश्ते की base की एक और ज़रूरी कड़ी खतम!!!

एक दूसरे को सम्मान देना, असमानताओं को एक्सैप्ट करना नहीं रहता अब। बस रह जाता है तो बात बात पर अब ताने देना, पुरानी बातों का हवाला देना, इज्ज़त की परवाह न करना, जो बात आपस में सुलझ सकती थी उसे बीच -बाज़ार यानि खुलेआम डिस्कस करना। सब के सामने पार्टनर को छोटा दिखाना।

अगर जिसे आप प्रेम करते हैं उसी कि बुराई आप अक्सर करने लगें हैं तो बेहतर है की साथ बैठ कर बात को सुलझा ही लीजिए चुप्पी से नहीं चलेगा ना ही चीखने चिल्लाने से, बात तो करनी ही होगी कॉन्फ़्लिक्ट को रेज़ॉल्व करने के लिए। नहीं तो तनाव और बढ़ेगा रिश्तों में।

एक रिश्ता मीठा सा - बनाए रखने में हमारा योगदान

रिश्ते मेहनत चाहते हैं वफ़ा चाहते हैं

रिश्तों को बनाने में व रिश्तों को निभाने में बहुत अंतर है

पहले वाले क़िस्से में दिल काम आता है और दूसरे की ज़िम्मेवारी दिमाग़ को लेनी होती है यानी दिल और दिमाग़ दोनो ही अपना काम मुस्तैदी से निभाएँ व एक - दूसरे पर हावी ना हो जाए इसका ध्यान रखना होगा

तभी तो बन पाएगा एक रिश्ता मीठा सा!!!

मैं तुम और हम

दो हस्तियों का मिलन और एक पूर्णता, एक आनंद, एक हसीन सी अंतरंगता का एहसास, एक सार्थकता - होने की। सब चाहते हैं एक ऐसा रिश्ता हो जैसे आत्मा का शरीर से, जैसे साँसों का जीवन से, जैसे भँवरे का फूल से, जैसे चकोर का चाँद से, जैसे आसमान का सितारों से, जैसे फूलों का बहारों से, जैसे मल्हार का घटाओं से, जैसे दीपक का रोशनी से, जैसे दिल का धड़कन से एक का नाम लें तो दूसरा याद आ ही जाता है।

लेकिन ये सब मुमकिन तब ही होता है यदि किताब में सांझी की गयी सारी बातों पर ध्यान दिया जाए। और इस मन:स्थिति से जब मिलते हैं दो तो क़ायम होता है उनके बीच एक नया एहसास बनता है एक सम्बंध - मन, बुद्धि, चित्त, अहंकार व आत्मा का संबंध जो क़ायम रहता है सालों साल और संवरता और गहराता जाता है गुजरते वक्त के साथ।

मैं अपने और तुम अपने और हम मिलकर जब अपने विचार, दृष्टिकोण, लाइफ़ स्टाइल और तुम अपने ले कर जब हम बन कर एक सांझी लिस्ट तैयार करते हैं तो साथ ही और रोल्ज़ भी आ जुड़ते हैं ससुराल के साथ, उनके सम्बन्धियों के साथ, मित्र मंडली के साथ और फिर अगर चाहें तो माता-पिता का रोल, समधी का रोल आदि। हर रोल की अलग माँग है और उनके बारे में आगे आने वाली किताबों में आपसे ढेर सी बातें होंगी।

रिश्तों की परिभाषा उनके विविध रंग उनके बनने बिगड़ने के कारण, उन्हें बना कर रखने के पोईंट व कितनी ही छोटी छोटी बातें मैंने अपने सीखे हुए सबक़, कोर्सेज़ के दौरान व किताबों में पढ़े हुए, क्लाइयंट और कपल्ज़ के साथ काम करते हुए जो भी सीखा है और जो मेरी नज़र में आए हैं वो कारण और निवारण आपके साथ साँझे किए हैं।

ख़ास तौर पर कुछ चीजें तो हर रिश्ते में क़ायम रहती ही हैं। वो मज़बूत और सफल रिश्तों की बुनियाद बनती हैं जैसे की - प्रेम, आदर, स्वीकृति, विश्वास, भरोसा मृदुलता, आत्म संयम, दूसरों का दृष्टिकोण समझना, स्पष्ट एवं विनम्र वार्तालाप

और ढेर सा समय एक दूसरे के लिए, एक से रास्ते और मंज़िल अपने परिवार को आगे बढ़ाने के लिए। मेरा विचार और अनुभव है इन्हें अपना लें तो बन जाता है..

एक रिश्ता मीठा सा ....

कुछ अतिरिक्त

कुछ प्रश्न जो आप स्वयं से कर सकते हैं। इन्हें सुलझाइए और किताब को बार बार पढ़िए

अपने लिए नोट्स बनाइए जो आपको ठीक लगे उसे अपनाइए

- क्या मुझे सचमुच सही साथी मिल गया है?
- हादसे जो बन गए एक सदृढ जोड़ की नींव
- आपका रिश्ता कितना मज़बूत है?
- क्यूँ हैं आप इस रिश्ते में?
- आपकी कौन सी ज़रूरत पूरी कर रहा है ये रिश्ता?
- आकर्षण से अंतर्गता के कौन से पड़ाव पर है आपका रिश्ता?
- वॉर्निंग साइंज़ कौनसे हैं- आपके ट्रिगर और रेस्पॉन्स के?
- क्या कारण हैं रिश्तों के टूट जाने के?
- क्या हैं रिश्तों की फ़र्स्ट ऐड़ के साधन?
- अपने रिश्तों को लम्बे समय तक सजीव रखने के तरीक़े क्या हैं?
- बीज से बरगद रूप कैसे लेता है स्नेह का पौधा उसमें हमारा क्या योग दान रहता है?
- हमारी सोच और दृष्टिकोण कैसे इफ़ेक्ट करती है रिश्तों को?

ऐक्टिविटीज़ जो इक्कठे की जा सकती हैं

- दोनों एक लिस्ट बनाएँ उन सारे कारणों की जिन्हें ढूँढते हुए आपने ये रिश्ता बनाया है और उसे share करें अपने पाटर्नर के साथ।
- अपने पाटर्नर और उनकी फ़ैमिली की पसंद और नापसंद की लिस्ट बनाएँ? और चेक करें क्या आप ने सही अंदाज़ा लगाया?
- किस चीज़ से आप को दुःख पहुँचता है और आप ट्रिगर हो जाते हैं अपने पाटर्नर के साथ share करें
- आप को अपने पाटर्नर की कौन सी आदतें पसंद-नापसंद हैं? क्या आप स्पष्ट और विनम्र शब्दों में उन्हें बता सकते हैं?
- दोनों पाटर्नर अपने लॉन्ग टर्म गोल्ज़ की लिस्ट बना कर इक्स्चेंज करें और फिर सहमति से एक लिस्ट बनाएँ।
- अपने पाटर्नर के सपनों की लिस्ट पढ़ें?
- क्या हैं आपके विचार प्रेम, रिश्ते, घर, विवाह, साथी, ट्रस्ट, कमिट्मेंट को ले कर एक दूसरे को लिस्ट बना कर बताएँ।
- आप क्या सोचते हैं की एक सफल शादी व रिश्ते का राज़ क्या है? क्या वोह आपके रिश्ते में हैं?
- हॉलिडे कहाँ अच्छा लगता है बिताना? क्या आप एक दूसरे की पसंद जानते हैं?
- आप अपने माता पिता की कौन सी आदत अपने रिश्ते में अक्सर अपनाते हैं?

आत्म-निरीक्षण

- मेरी नज़र में मेरी त्रुटियाँ?
- मेरी कोई अच्छाई भी है क्या? तो लिस्ट बनाएँ
- मेरे प्रेम के बारे में विचार क्या मुझे साहस और संतोष देते हैं अथवा हिचकिचाहट?
- मैं प्रशंसा को सच मान ही नहीं सकती/ता
- मैं अक्सर अपना ध्यान सबसे बाद में करता/ती हूँ
- मैं ज़्यादा समय अपने ही काम में उलझी/झा रहती/ता हूँ
- मुझे प्रेम व कमिट्मेंट से डर लगता है
- शादी व रिश्ते तो फ़्रीडम ही छीन लेते हैं ऐसी सोच है
- हमेशा दूसरों को ही प्लीज़ करना कोशिश रहती है मेरी
- पुरुष/स्त्री स्वार्थी होते हैं कभी भी धोखा दे सकते हैं
- मेरा बातचीत का तरीक़ा कैसा है?
- आत्म सम्मान कितना है मुझमें
- प्रेम की मेरी परिभाषा क्या है
- स्त्री पुरुष के सम्बन्धों के बारे में कितना जानते हैं
- सेक्स, कम्यूनिकेशन, मनी इनमें से कौन सा सबसे महत्व पूर्ण है एक सफल रिश्ते के लिए?

अपना आर्थिक सामंजस्य चेक करें

- बेशक एक लिस्ट बना कर एक दूसरे के साथ शेर करें
- आपके पैसे के बारे में क्या विचार है
- अक्सर आप पैसा कमाने के बारे में क्या सोचते हैं बहुत कठिन है
- मैं तो बस इतना कमाने के ही काबिल हूँ, मुझ में इतनी लियाक़त नहीं की मुझे और पैसा मिले
- बहुत मेहनत करनी पड़ती है - पैसा कमाना आसान नहीं है
- पैसा आता है तो बुराइयाँ लाता है
- पैसा कमाने के लिए आपको कई समझौते करने पड़ते हैं
- पैसा कमाने में परिवार निग्लेक्ट हो जाता है
- पैसा जैसे ही आता है आप अक्सर पहले क्या ख़रीदते हैं
- क्या अक्सर उधार भी चलता है क्रेडिट कार्ड आदि का कितना इस्तेमाल करते हैं?
- क्या आप दोनो पार्ट्नर्स की पैसे को ले कर एक जैसी सोच है

कितना जानते हैं आप

एक और दोनो अपनी अपनी लिस्ट बनाएँ एक दूसरे की मनी, फ़िज़िकल एंड इमोशनल नीड्ज़ के बारे में और इक्स्चेंज कर के देखें आप कितने सही हैं? या फिर अभी आप कितना जानते अथवा आपको कितना और जानना है अपने साथी के बारे में

एक निवेदन

इन्हें सुलझाइए और किताब को बार बार पढ़िए अपने लिए नोट्स बनाइए जो आपको ठीक लगे उसे अपनाइए एक बात जो मैं एक बार फिर से स्ट्रेस करूँगी वो ये की हर रिश्ता ये चाहता है की आप उस को समझें उसके स्ट्रक्चर को यानी एक और एक दो नहीं ग्यारह होते हैं, एक इकाई दूसरी इकाई के बारे में जितना अधिक जानेगी व फॉरगिविंग होगी उतना ही रिश्ता मीठा होगा, अपने अहम और वहम को जानें और उस पर काम करें, अपनी आत्म छवि व सेल्फ़ वर्थ पर काम करें, रिश्तों को सींचने में पूरा ध्यान दें, प्रेम दें, रेस्पेक्ट दें, अपनी रेस्पॉन्सिबिलिटी को समझें, ट्रस्ट को बनाए रखें, आपसी सेक्रड कॉंट्रैक्ट को बनाए रखने की कोशिश तो करें। अपने ही अनुभव से इतना ही कह सकती हूँ ......

इट इस वर्थ सेविंग अ रेलेशन्शिप, रिश्ता बचाए रखने के काबिल है

खुश रहें, स्वस्थ रहें, मस्त रहें और बना रहे आपका भी ......

एक रिश्ता मीठा सा..

एक परिचय लेखिका का

Sessions with Renu are some thing our students really look forward to. She has an instant connect with the students and ability to motivate them towards a more positive outlook towards life. She is always available for the students and give them a patient hearing. People like Renu are tough to find.

– Poonam Nanda
Dean Student Welfare
Shoolini University

I started my Self Discovery Journey with Mrs. Renu Thakur almost 18 years ago and since then she has been my teacher, guide and mentor whether it was Reiki, Tarot, Astrology, Regression Therapy....I always got my answers and have great respect for her personally and professionally.

I am truly grateful for having her in my life and wish her all the best.

– Princee

I am very glad to share that Mrs. Renu is an integral part of my life. She is my friend, next door neighbour and a wonderful guide and motivator. I got the pleasure to learn Reiki from her and it was a wonderful experience. She has always been our guiding light and always inspired us and encouraged us. She is not only a multitasker but also a very sweet, kind and humble person. We always look forward to learn new things from her and gain new experience. I wish her all the luck and best wishes for her upcoming book.

— **Anuradha Sharma**

The lady has the power to transform your life. It was with a lot of apprehension that I decided to meet Dr. Renu Thakur. I was in for a surprise. Expecting that this would take some time for the results to show, I felt the difference after the first session itself. And at he end of it all, it turned out to be the best decision of my life. The sessions with the "healer", tranformed me into a "new person"

— **Male, 45**
Mechanical Engineer

I have no shame in admitting that I have spent most of adult life avoiding situations that would bring on my claustrophobia panic attacks. This has led me to miss out on a number of opportunities. That's when one of my friends suggested Renu's name. We met and the first meeting itself was very soothing for me. She took pains to make me feel comfortable and spent a lot of time knowing me and my life, possible reasons for the problem. She explained all possible underlying reasons. And the sessions with her brought about truly life changing results. I wish I had met her earlier. Thank you Renu Ji.

— **Female, 37**
Entrepreneur

I'm impressed with extremely highly quality of Renu Thakur work. Once you start reading this book you can't put down. She is magnet of positivity and her aura is full of love and charisma. This book will really help everyone discovering more about self and discovering the importance of relationship.

– Dr. Lakshmi Shekhawat

Love yourself and heal your Life, you are always happy, contented. Feel good in relationship. Contented with your job and eager to do better. You have good health." These are development in you, when you give your time to Mrs Renu Thakur. I owe a lot to her.

– Piyush Punj,
Principal, St Vivekanand Millennium School,
HMT Township Pinjore

I am grateful for Renu mam's empathetic and supportive approach as a life coach and healer. Many a times life throws us curve balls and Renu mam's guidance and excercises taught by her have always helped me navigate through with ease. She is a great listener with a deep understanding of relationships and mind. Her insights have helped me a lot in handling crisis big and small.

– Sanjally Gulati
Mom to two amazing boys

Mrs. Renu has been selflessly guiding my students for past few years. She is highly intuitive, sparkingly spontaneous and yet humble. Usually it takes only one soul stirring session with her which makes young students open up.

Clairvoyance is one of another special features of her besides so many which cannot be put in words.

— **Dr. Manjot**
Researcher & Teacher,
Centre for Public Health, PU

It was a pleasure to learn under Renu mam. She is a friendly, kind, caring, easy coach to be with, and because she is one of the few who loves what she does...she is great at it!

— **Jessy Randhawa,**
ex model, actor, dancer and now a yoga teacher

Renu as referred in *Rigveda* means an Atom, which is the very basic building block of all beings and the Universe, but which can expand to unleash immeasurable atomic power.

Renu Thakur as her name signifies has the ability to transfer and transform the negativity in a person to palpable positivity. She is a ray of light dispelling doubts, depression and despair in people, leading them to better health, happiness and fullfilment.

She is ever eager to help alleviate the sufferings, whether mental, physical, social or spiritual, of her fellow beings. I have been fortunate for opportunities to interact with her and have always gained from the experience. She is an asset to society and I wish her all the best in her maiden endeavour of publishing this book.

— **Dr. Anil Chauhan**
Former Director Medical Education and Research,
Himachal Pradesh.

अत्यधिक प्रशंसित, अनेकों संस्थाओं द्वारा सम्मानित **रेणु ठाकुर** एक लोकप्रिय व्यक्तिगत ट्रान्स्फ़ोर्मेशन कोच हैं।

इनकी बहुमुखी शैक्षिक उपाधियों में सम्मोहन चिकित्सा, रिलेशनशिप काउन्सलिंग, बिहेव्यर -रेजोलूशन, स्पिरिचूअल हिप्नोसस, नैदानिक मनोवैज्ञानिक, फ़िलासफ़ी, प्राकृतिक चिकित्सा पास्ट लाइफ रेग्रेस्स्न चिकित्सा, nlp, हील योर लाइफ़, टेरो, ज्योतिष, अंक शास्त्र, चकरा हीलिंग, मेडिटेशन, रेकी आदि शामिल हैं।

अंतर्राष्ट्रीय स्तर थेरपी काउन्सलिंग व ख़ूबसूरत रिश्तों की इन कार्यशालाओं, व वन ओन वन सेशन, पाड्कैस्ट एवं अख़बारों, रेडीओ व टीवी वार्ता (यूनिवर्सिटी व हॉस्पिटल्ज़ में भी motivational talks & lectures) के द्वारा अपने अनुभव व अपार अर्जित ज्ञान -साँझा करते हुए जन- मानस को आत्म सशक्तिकरण की राह दिखलाने के परयोजन एवं उद्देश्य के बारे में बहुत passionate हैं।

उमर के साथ बदलते रोल्ज़ को बखूबी निभाते हुए एक फ़ौजी की बेटी, फ़ौजी की पत्नी, माँ का, नानी/दादी का या फिर बिहेव्यर थेरपिस्ट एवं रेलेशन्शिप काउन्सिलर का उतरदायित्व निभाती अपना समय और अनुभव बड़ी उदारता से बाँटती हैं।

ये एक चित्रकार, कवियत्री, पटकथा लेखन व अभिनय, ऑल इंडिया रेडियो की गोष्ठियों की वक्ता, आर्मी वाइवस वेलफ़ैर असोशिएशन की कोऑर्डिनेटर (coordinator) आशा स्कूल (विशेष प्रकार की शैक्षणिक आवश्यकताओं वाले बच्चों के) स्कूल की प्रिन्सिपल भी रह चुकी हैं।

दो बार आर्मी द्वारा "अवार्ड ऑफ एक्सलेन्स" से सम्मानित। ज़ोनल व नैशनल लेवल फ़ुटबाल व हाकी की खिलाड़ी भी रही हैं, नेचर लवर हैं, बच्चों और बड़ो को समझ पाना व उनके के साथ बड़ी आसानी से घुलमिल जाना इनकी बेहतरीन personality का हिस्सा है।

सोच पर कैसे नियंत्रण किया जाए, भावनाओं को कैसे व्यावहारिक लेन-देन में संयत्रित किया जाए और जीवन को सम्पूर्ण रूप से खुशहाल कैसे बनाया जाए सिखाने में इनका रुझान रहता है।

कितने भी अफर्मेशनस कर लें, कितनी भी क़समें खा लें, कोई भी चीज़ असर नहीं करेगी जब तक अंतर्मन में अवचेतन मन में बने हुए नक़्शे व लोगों एवं परिस्थितियों पर लगाए हुए लेबल नहीं बदलेंगे। धारणाएँ और दृष्टिकोण बदलेंगे तो ही भावनात्मक एवं वैचारिक बदलाव आएगा जिससे हमारा हर ऐक्शन प्रभावित रहता है।

उसमें हमारे रिश्ते भी आते हैं। बदलाव स्वयं में करना होगा पहले ऐसा लेखिका का मानना है।

इनके बारे में इनकी वर्कशाप के बारे में वन ओन वन सेशन लेने के लिए इनसे निम्न्लिखत पते पर सम्पर्क किया जा सकता है

email – oorjaatempleinfo@gmail.com

– renusoulhealer@gmail.com

Website www.oorjaatemple.com

https://www.facebook.com/oorjaa.renuthakur

YouTube – oorjaa temple of healing

https://www.youtube.com/channel/UC8sFcBHjUsiJUNkFhfl-PUg

https://www.instagram.com/renusoulhealer/

Printed in the USA
CPSIA information can be obtained
at www.ICGtesting.com
LVHW092339090224
771078LV00012B/1312

9 781637 816127